O GRANDE CONFRONTO

Raphaël Glucksmann

O GRANDE CONFRONTO

Como a **CEGUEIRA** e a **CORRUPÇÃO** das **ELITES EUROPEIAS** promoveram a **GUERRA DE PUTIN** contra nossas **DEMOCRACIAS**

TRADUÇÃO **Julia da Rosa Simões**

Coleção **ESPÍRITO DO TEMPO**

VESTÍGIO

Copyright © 2023 Allary Éditions
Publicado mediante acordo especial com a Allary Editions, em conjunto com seu agente devidamente nomeado, a 2 Seas Literary Agency, e o coagente Villas-Boas & Moss Agência e Consultoria Literária Ltda
Copyright desta edição © 2023 Editora Vestígio

Título original: *La Grande confrontation – comment Poutine fait la guerre à nos démocraties*

Todos os direitos reservados pela Editora Vestígio. Nenhuma parte desta publicação poderá ser reproduzida, seja por meios mecânicos, eletrônicos, seja via cópia xerográfica, sem autorização prévia da Editora.

DIREÇÃO EDITORIAL *Arnaud Vin*	REVISÃO *Aline Sobreira*
EDITOR RESPONSÁVEL *Eduardo Soares*	CAPA *Diogo Droschi (sobre imagem de Midjourney)*
ASSISTENTE EDITORIAL *Alex Gruba*	
PREPARAÇÃO DE TEXTO *Eduardo Soares*	DIAGRAMAÇÃO *Guilherme Fagundes*

**Dados Internacionais de Catalogação na Publicação (CIP)
Câmara Brasileira do Livro, SP, Brasil**

Glucksmann, Raphaël
  O grande confronto : como a cegueira e a corrupção das elites europeias promoveram a guerra de Putin contra nossas democracias / Raphaël Glucksmann ; tradução Julia da Rosa Simões. -- 1. ed. -- São Paulo, SP : Vestígio, 2023. -- (Espírito do tempo ; 7)

  Título original: La grande confrontation.
  ISBN 978-65-6002-007-8

  1. Democracia 2. Relações internacionais 3. Geopolítica 4. Guerra - Rússia 5. Guerra - Ucrânia I. Título II. Série.

23-158626   CDD-320

Índices para catálogo sistemático:
1. Guerra : Ciência política   320

Tábata Alves da Silva - Bibliotecária - CRB-8/9253

A **VESTÍGIO** É UMA EDITORA DO **GRUPO AUTÊNTICA**

São Paulo
Av. Paulista, 2.073 . Conjunto Nacional
Horsa I . Sala 309 . Bela Vista
01311-940 São Paulo . SP
Tel.: (55 11) 3034 4468

Belo Horizonte
Rua Carlos Turner, 420
Silveira . 31140-520
Belo Horizonte . MG
Tel.: (55 31) 3465 4500

www.editoravestigio.com.br
SAC: atendimentoleitor@grupoautentica.com.br

A Europa em guerra   9

PRIMEIRO ATO
A cidade corrompida   15

Por dinheiro e caviar   19
Um herói do nosso tempo   24
Suicídio por gás   33
A "Harrods Democracy"   40
A roleta-russa   45

SEGUNDO ATO
A guerra contra nossas democracias   51

"A guerra é nossa ideologia nacional"   55
O reinado do crime   63
O cozinheiro do caos   71
Uma internacional nacionalista   77
"A guerra de Troia não acontecerá"   83
Um difícil despertar   94

TERCEIRO ATO
A resistência   107

A coragem ucraniana   110
Made in Taiwan   116
Uma revolução mental   121

Recuperar a política   125
Ecologia de guerra   132

A impossível derrota   143
A meu pai   147
Agradecimentos   151
Referências   153

*Para meu pai, André Glucksmann,
hoje mais do que nunca.*

■ A EUROPA EM GUERRA

"PUTIN VAI ENTRAR EM GUERRA. Não sei quando, mas vai. E os europeus vão ficar surpresos ao descobrir que essa guerra também será contra eles..."

A grande jornalista russa Anna Politkovskaya parecia desolada por jogar um balde de água fria em meu otimismo. Era 2005, em Paris, eu tinha 25 anos e estava voltando de Kiev, onde por dois meses filmara a Revolução Laranja, o grande levante anticorrupção e pró-europeu do povo ucraniano. Anna sorriu tristemente ao ouvir meus relatos entusiasmados sobre a cidade insurgente e disse com voz suave: "Tudo o que você descreve é magnífico, esses jovens são incríveis, têm uma admirável sede de liberdade, mas Putin invadirá o país para reconduzi-los à servidão. Ele vai entrar em guerra. Sim, em guerra".

Ela era meu modelo, a pessoa mais corajosa e lúcida com que já cruzei na vida, mas naquela noite achei que estava sendo pessimista demais. Observei-lhe, brincando, que ela estava começando a se parecer com os velhos e desesperados dissidentes da época soviética. Ela riu. E continuou: "Vocês não calculam, aqui, a amplitude dos problemas que vão cair sobre suas cabeças. Os europeus pensam que o que acontece em Moscou não lhes diz respeito, que é um problema nosso e apenas nosso. Putin odeia pessoas como eu, sem dúvida. Mas, através de pessoas como eu, na Rússia, através dos revolucionários ucranianos ou georgianos, é também a vocês que ele odeia, suas democracias, suas sociedades, suas liberdades. Os europeus pensam que o regime de Putin é uma ameaça apenas para nós? O despertar será brutal".

Anna Politkovskaya foi assassinada no hall de seu prédio no dia 7 de outubro de 2006. Dia do aniversário de Putin. Como um presente ao czar dado por seus agentes. Nenhum dirigente europeu ouviu o que ela dizia. Nenhum dirigente europeu entendeu o que ela dizia. Nenhum dirigente europeu acreditou no que ela dizia.

Ela morreu sozinha. Da mesma forma como havia gritado, sozinha, num oceano de surdez e cegueira, por muitos anos. Por que nossos governantes não quiseram acreditar em Anna? Por que eles não quiseram ver aquilo que o aniquilamento da Chechênia ou a destruição da Síria, o desmembramento da Geórgia ou a primeira invasão da Ucrânia, em 2014, anunciavam?

A história que quero contar parte disso: dessa incrível cegueira.

Esta é a história de um continente que se curvou a um tirano para ter paz e se viu mergulhado na guerra.

Esta é a história de democracias que venderam a seus inimigos a corda usada para enforcá-las.

Esta é a história de elites europeias que fracassaram em sua missão por cobiça ou ingenuidade, por culto ao lucro ou religião do conforto.

Esta é a história de nações que deixaram o veneno da corrupção e da abstenção se disseminarem dentro de si.

Esta é uma história com a qual devemos romper imediatamente.

*

Não invocarei nestas páginas a moral ou os grandes princípios humanistas, mas a segurança e a soberania. Não recorrerei ao idealismo, mas ao realismo. Sim: ao *realismo*. Um realismo decerto muito diferente da papa que costuma ser servida com esse nome.

Os ministros e os editorialistas que por vinte anos explicaram, com voz segura, que Vladimir Putin era um parceiro perderam todo o direito de se dizerem "realistas". O principal erro que cometeram, a meu ver, foi terem sido não cínicos demais, mas leviano demais. Por trás de suas poses de velhos sábios, eles acreditaram num conto de fadas: o fim da História, o comércio pacificador, a planificação do mundo. Eles baixaram a guarda e colocaram nossas nações em perigo.

Eles não apenas consentiram com o massacre de chechenos e sírios, com o desmembramento da Geórgia, em 2008, e com a ocupação da Crimeia, em 2014, eles também aceitaram o desrespeito de nossos interesses estratégicos. Surdos aos alertas, cegos aos fatos, eles nos levaram à beira do abismo.

O primeiro mandamento do realismo é basear sua política na realidade. E a realidade fundamental da Europa em 2023 é a guerra do Kremlin. Nossos países não têm tropas no *front* e nossas cidades não estão sendo bombardeadas, mas nossas democracias estão sendo visadas. A guerra não começou em 24 de fevereiro de 2022 e não se limita às fronteiras da Ucrânia. Ela perdura há muitos anos e, em sua forma híbrida, atinge o próprio coração de nossas cidades. É chegada a hora de entender, enunciar e revelar todas as implicações desse fato.

No primeiro dia de meu mandato como deputado do Parlamento Europeu, 2 de julho de 2019, solicitei a criação de uma comissão parlamentar sobre a ingerência estrangeira na Europa. Eu não aguentava mais a surpresa, fingida ou real, que demonstrávamos a cada vez que descobríamos vestígios da ação do regime russo na subversão de nossas eleições, nos ciberataques contra nossas instituições e nas campanhas de manipulação de informação que poluem nosso debate público. Eu esperava estabelecer um diagnóstico global, expor as falhas de nossas defesas, abrir os olhos de nossos dirigentes.

A Comissão Especial sobre a Ingerência Estrangeira nos Processos Democráticos na União Europeia, Incluindo a Desinformação – conhecida como INGE – foi criada em 2020, e, desde seu início, assumi a presidência. Este livro é o fruto de centenas de horas de sessões e missões, de reuniões públicas ou privadas, com serviços de segurança, informantes, jornalistas investigativos, responsáveis por *think tanks*, dissidentes e pesquisadores.[1]

O veredicto de nossos trabalhos é irrevogável: os dirigentes europeus, por anos a fio, autorizaram as tiranias estrangeiras, lideradas por Rússia e China, a se abastecerem em nossas elites, a investirem em nossos setores estratégicos para nos tornar dependentes, a perseguirem ou assassinarem seus oponentes em nossos territórios, a intervirem em nossas eleições e a financiarem movimentos políticos hostis à União Europeia... Sem nunca fazer com que pagassem por seus ataques. Nossa fraqueza era um convite à agressão, nossa covardia, um incentivo à conquista. No caso específico da Rússia, elas levaram nosso continente à beira do abismo.

*

A guerra que assola a Ucrânia e abala a Europa não é um parêntese. Ela exige um esforço continuado de nossa parte, em médio e longo prazo. Somos capazes disso? Vladimir Putin aposta que cederemos ao cansaço e à tentação de zapear. Saberemos provar o contrário?

Tudo depende de nós. Nada está predefinido, e as páginas que se seguem também relatam a busca de antídoto

---

[1] O mandato da Comissão Especial era originalmente de um ano. Ele foi prolongado em 2021, renovado em 2022 e, por fim, estendido, em fevereiro de 2023, às questões de corrupção e transparência dos processos democráticos depois do escândalo do *Catargate* [ver p. 19].

ao veneno da corrupção e do abstencionismo que mina nossas sociedades.

Costuma-se dizer que a União Europeia não tem alma e que sua bandeira azul estrelada nunca despertará a mesma devoção que a bandeira francesa, porque ninguém morreu por ela. Isso já foi verdade, mas não é mais. Pessoas morreram, em 2014, com esse pedaço de tecido nas mãos em Maidan (a Praça da Independência de Kiev), durante a Revolução da Dignidade, uma insurreição democrática desencadeada pela recusa do presidente Ianukovitch em assinar um acordo de cooperação com a União Europeia. E há mais de um ano ucranianos morrem todos os dias por defender o que essa bandeira simboliza e representa. Pergunte a Cracóvia ou a Odessa, a Tbilisi ou a Minsk se a Europa não passaria de um conjunto de normas minuciosas, uma constelação de acrônimos absurdos ou, pior ainda, um plano secreto de apagamento dos povos.

A Ucrânia nos diz que a União Europeia não é apenas um mercado ou uma burocracia, mas um projeto de civilização, que o direito não necessariamente é mais fraco que a força bruta e que nós somos mais do que acreditamos ser.

Esta é a história de um continente enfrentando seu destino, obrigado a escolher entre a resistência e a submissão, o alarme e a corrupção.

Esta é a história de uma guerra contra nós, franceses, europeus, e que começou há muitos anos.

Esta é a história do grande confronto do qual nossas democracias, que por tanto tempo o ignoraram, já não podem se subtrair.

PRIMEIRO ATO

A CIDADE CORROMPIDA

"OS CAPITALISTAS NOS VENDERÃO A CORDA com a qual os enforcaremos": a frase de Lênin é certeira. Por mais de vinte anos, líderes europeus venderam aos inimigos de nossas democracias as correntes que as subjugariam. É esta história de corrupção e traição que quero contar.

A corrupção não envolve apenas dinheiro sujo ou fraquezas individuais. Maquiavel a definia como uma submissão do interesse geral aos interesses particulares e como a erosão do senso cívico sem o qual as repúblicas se dissolvem. Ela é uma questão política, muito mais do que ética ou jurídica. E quando potências estrangeiras estão envolvidas, ela se torna uma questão de soberania e segurança nacional.

Se eu fosse romancista, sondaria as profundezas da alma de um chanceler alemão que vende o sistema energético de seu país a uma tirania para a qual ele começa a trabalhar assim que seu mandato termina, e exploraria a psicologia de um ex-primeiro-ministro supostamente gaullista² contratado por Moscou no exato momento em que o Grupo Wagner³ designa a França como inimiga a derrubar. Mas não sou nem romancista nem moralista. Não quero saber se Gerhard Schröder dorme bem à noite ou se François Fillon vai à igreja se confessar. A salvação desses homens não me interessa. A única salvação que me interessa é a de nossas nações.

Meu problema não é tanto que uma cidade corrompida seja injusta, mas que ela seja fraca e vulnerável. Condenada à desagregação. É a decadência da aristocracia romana que leva às invasões bárbaras. É a "podridão" do reino que entrega a Dinamarca à Noruega em *Hamlet*. É a degenerescência das elites políticas, intelectuais e militares francesas que precipita "a estranha derrota" de junho de 1940.

Tudo sempre começa pela corrupção das classes dirigentes. Esta é a história de homens e mulheres no poder que se vendem a potências estrangeiras, e isso a poucos metros de meu gabinete...

---

[2] Gaullista: partidário do general De Gaulle e de sua política de luta contra a invasão da França pela Alemanha durante a Segunda Guerra Mundial. No contexto atual, defensor da independência da França em relação às outras nações e opositor de sua submissão a outras potências econômicas e financeiras. (N.T.)

[3] Grupo Wagner: controversa organização paramilitar russa fundada por um aliado do presidente Vladimir Putin e ativa em conflitos como a guerra no Donbass ucraniano e a guerra civil síria. Seus membros são suspeitos de cometer crimes de guerra e contra a humanidade em vários países, e o grupo foi considerado uma organização criminosa internacional pelos Estados Unidos e uma organização terrorista pela Ucrânia. (N.T.)

Por dinheiro e caviar

Na sexta-feira, 9 de dezembro de 2022, ao amanhecer, unidades especiais da polícia belga estão à espreita na Rue Wiertz, a dois passos do Parlamento Europeu. Elas esperam pacientemente que Francesco Giorgi, um assistente parlamentar, saia de casa. Sua mulher, Eva Kaili, vice-presidente do Parlamento, beneficia-se de imunidade parlamentar, e os policiais não podem fazer uma busca no apartamento do casal. Eles precisam prender Francesco na rua e confiscar seu telefone para que tudo tenha início.

Quando seu carro finalmente sai da garagem, ele é abordado, e seu telefone é apreendido. A operação pode começar. O antigo presidente da Comissão de Direitos Humanos do Parlamento Europeu, Antonio Panzeri, e o responsável pela ONG No Peace Without Justice, Niccolò Figà-Talamanca, são presos imediatamente. Logo depois, Luca Visentini, novo dirigente da Confederação Sindical Internacional (CSI) e antigo secretário-geral da Confederação Europeia dos Sindicatos, também é intimado. Dezesseis mandados são cumpridos simultaneamente no Bairro Europeu, gabinetes do Parlamento são interditados, 600 mil euros são encontrados na casa de Panzeri.

Depois da prisão do pai de Eva Kaili com uma mala cheia de dinheiro, os policiais fazem uma busca na casa da vice-presidente do Parlamento Europeu e encontram 150 mil euros em espécie. Ela também é presa. O escândalo do *Catargate* explode. O caso não é julgado, e o princípio de presunção de inocência é aplicado, mas a onda de choque do escândalo ainda abala nosso Parlamento enquanto escrevo estas linhas e o abalará por muito tempo.

Esta é a história de um jovem casal a quem tudo parecia sorrir, de um ex-deputado influente, de um dirigente de ONG, de um sindicalista e de suas conexões dentro de nossas instituições. Esta é a história de pessoas com as quais eu às vezes cruzava nos corredores, em reuniões de grupos de trabalho ou em sessões de comissões, e que foram indiciadas por "participação em organização criminosa", "lavagem de dinheiro" e "corrupção" pela justiça belga.[4]

Quando o escândalo estourou, iniciou-se a investigação que vem sendo feita há vários meses, sob o nome de operação "Mezzo". Os serviços secretos belgas começaram por se interessar pelas operações de influência do Marrocos em Bruxelas. Eles identificaram o papel central de um político italiano, Antonio Panzeri, decidido a colocar seu conhecimento dos mistérios europeus e de suas redes a serviço de regimes estrangeiros. Por dinheiro. Muito dinheiro. Na primavera de 2022, os serviços belgas entraram secretamente em sua casa, na Avenue Plasky, em Bruxelas, e encontraram 380 mil euros em notas de 50 escondidas embaixo de sua cama e 320 mil euros em seu cofre. Os vestígios da visita foram cuidadosamente apagados, e a vigilância foi retomada para que se descobrisse o tamanho daquela rede de corrupção. E foi seguindo o fio das relações de Panzeri que eles descobriram o envolvimento do Catar.

Ao ler os relatórios da investigação e as transcrições das escutas publicadas na imprensa, descobrimos no coração

---

[4] Luca Visentini, por sua vez, foi indiciado "apenas" por "lavagem de dinheiro" e "corrupção", não por "participação em organização criminosa" como os outros.

da social-democracia europeia um grupo que age como as gangues mafiosas das séries norte-americanas. O dinheiro é contado na cozinha, o ouro é escondido no carrinho do bebê, envelopes são distribuídos ao sindicalista amigo e ao deputado cúmplice, que deve intervir na hora certa. Palavras em código são utilizadas – "Quando estamos com o dinheiro, dizemos 'pegamos os ternos'", confessa Francesco Giorgi aos investigadores –, uma pessoa na Turquia é contatada e repassa um número belga a ser chamado para buscar os ditos "ternos". O contato que traz o dinheiro muda a cada vez, e a regra é apagar seu número assim que a transação é efetuada.

Esta é a história de homens e mulheres de esquerda que esvaziam as palavras humanistas de sua essência ao monetizá-las.[5]

Esta é a história de deputados europeus social-democratas, mas não uma história própria ao Parlamento Europeu ou à social-democracia. Quem ousaria afirmar que Paris é menos marcada pelo dinheiro de Doha que

---

[5] Colidi várias vezes com essa rede sem saber. Principalmente quando me opus à linha "moderada" de meu grupo a respeito do Catar e das absurdas tomadas de posição de alguns de meus colegas durante a resolução sobre as violações dos direitos humanos na construção dos estádios e das infraestruturas da Copa do Mundo, algumas semanas antes de o escândalo vir à tona. Não tendo instinto gregário – o que muitas vezes me vale as alcunhas de "solista" ou "cavaleiro branco" (um insulto em política) –, sempre votei segundo minha consciência e deixei clara minha oposição. Mas seria uma mentira dizer que desconfiei da existência de uma "organização criminosa" por trás desses desacordos, que eu acreditava políticos.

Bruxelas? Que cidadão com uma vaga lembrança do quinquênio de Nicolas Sarkozy poderia afirmar que a influência do Catar se limita à esquerda? O ex-embaixador do emirado gasífero na França, Mohamed al-Kuwari, que se tornara um ícone da alta sociedade parisiense – tanto ele irrigava nossa capital com dinheiro e presentes –, acabara se queixando: "Os políticos acham que meu gabinete é um caixa eletrônico de notas de 500 euros".[6]

Esta história faz pouco caso das filiações partidárias e joga com os limites territoriais. Para nos convencermos dessa necessidade, tomemos um exemplo que afeta sobretudo a direita: a *caviar diplomacy* do Azerbaijão.

Localizado em Estrasburgo, a poucos passos da sede oficial de nosso Parlamento, o Conselho da Europa é o suposto guardião de nossos princípios e valores. Sua Assembleia Parlamentar reúne os deputados de seus 47 Estados-membros.[7] Em 23 de janeiro de 2013, ela se reúne para discutir e votar um relatório sobre os prisioneiros políticos no Azerbaijão. O que acontece naquele dia é um desafio tão grande ao entendimento quanto ver deputados de esquerda celebrarem o balanço anual do Catar em matéria de direitos sociais.

"Nunca vi tantos deputados no hemiciclo", conta o redator do relatório sobre a repressão aos opositores da ditadura de Ilham Aliyev, o social-democrata Christoph

---

[6] CHESNOT, Christian; MALBRUNOT, Georges. *Nos Très Chers Émirs*. Paris: Michel Lafon, 2016. p. 35.

[7] A Rússia foi excluída em 16 de março de 2022. O Conselho da Europa conta hoje com 46 países-membros.

Strässer, no documentário *The Caviar Connection* [A conexão caviar].[8] Muitos tomam a palavra para atacar seu texto. O líder dos deputados conservadores, o italiano Luca Volontè, lidera os protestos. Ao fim de uma sessão surreal, o relatório é rejeitado por 125 votos a 79. Deputados franceses, italianos, espanhóis e alemães aplaudem o resultado, e o regime da capital, Baku, celebra o feito prendendo os especialistas, jornalistas e ativistas que cooperaram com o relator Strässer.

Oito anos depois, em 11 de janeiro de 2021, a corte de Milão estabelece, depois de um longuíssimo processo, que o regime do Azerbaijão pagara 500 mil euros a Luca Volontè para que ele bloqueasse o relatório. O deputado italiano teria recebido ao todo 2,3 milhões de euros, entre dezembro de 2012 e dezembro de 2014, para promover os interesses de Baku no Conselho da Europa. Gerald Knaus, fundador do *think tank* European Stability Initiative (ESI), publica investigações explosivas e minuciosas sobre essa rede tentacular de corrupção que envolve deputados e ex-deputados, essencialmente conservadores, em diferentes países europeus.[9] Segundo Arif Mammadov, ex-embaixador do Azerbaijão na União Europeia, no mínimo 30 milhões de euros são distribuídos em dinheiro e presentes apenas no Conselho da Europa.[10]

---

[8] BRINGER, Benoît; RICHARD, Laurent. *The Caviar Connection*. 2021.

[9] ESI, *The Europen Swamp (Caviar Diplomacy Part 2)*, dezembro de 2016.

[10] Os deputados "amigos" recebiam latas de caviar de 500 gramas

"Se um pequeno país como o Azerbaijão conseguiu fazer isso, imagine o que uma grande autocracia pode fazer?", questiona Gerald Knaus.[11]

Ele tem razão. A corrupção dos supostos guardiões de nossas cidades é uma arma nas mãos de regimes estrangeiros sem escrúpulos. Quando as mesmas falhas sistêmicas e as mesmas fraquezas humanas são exploradas por uma grande potência que procura não apenas lustrar sua imagem, mas também desestabilizar e subjugar nossas democracias, a questão já não se limita a uma resolução do Parlamento Europeu ou da Assembleia Parlamentar do Conselho da Europa. Quando a Rússia substitui o Azerbaijão ou o Catar, a corrupção muda de escala. A influência dos corrompidos e dos corruptores se torna incomparável, e o futuro do continente europeu entra em jogo.

Um herói do nosso tempo

A fotografia é tirada às 22h30 do dia 28 de abril de 2014, na frente das portas do palácio Yusupov, de São Petersburgo. Um mês depois da anexação russa da Crimeia, quando tem início a guerra no Donbass ucraniano, três homens se encontram para festejar um aniversário. O primeiro sai de um sedan preto com passo

---

várias vezes por ano e de dois quilos em caso de visita a Baku, por isso o nome *diplomacia caviar*...

[11] BRINGER, Benoît; RICHARD, Laurent. *The Caviar Connection*. 2021.

decidido, o segundo o recebe e o abraça com entusiasmo, o terceiro se mantém à distância e acompanha a cena sorrindo. Os dois primeiros são famosos: o presidente russo Vladimir Putin e o ex-chanceler alemão Gerhard Schröder, cujos 70 anos são comemorados naquela noite. O terceiro não é conhecido pelo grande público. Seu nome é Matthias Warnig.[12]

No momento da foto, Warnig é – nada menos que – membro da diretoria do banco Rossiya (chamado de "banco dos amigos de Putin"), da diretoria do VTB Bank, da diretoria da Rosneft (5% da produção mundial de petróleo), da diretoria da Transneft (70 mil quilômetros de oleodutos), presidente da gigante do alumínio Rusal e CEO do consórcio Nord Stream, gasoduto que liga a Rússia à Alemanha por baixo do Mar Báltico. A lista chama a atenção: como um cidadão alemão pode ocupar um lugar desses no sistema russo? A resposta é simples: Matthias Warnig não é um cidadão alemão qualquer.

Nascido do outro lado da Cortina de Ferro, aos 18 anos ele se torna membro da Stasi, a polícia secreta da Alemanha Oriental. No Departamento de Operações Especiais encarregado das infiltrações ocidentais, ele integra a brigada Félix Dzerjinski, nome do fundador da Tcheka (precursora da KGB). Na vida civil, ele faz estudos de Economia em Berlim-Leste, por isso seu primeiro

---

[12] Numa de suas raras entrevistas à imprensa ocidental (ao jornal austríaco *Die Presse*), Matthias Warnig declara: "Não gosto de aparecer nem nas primeiras filas nem nas manchetes dos jornais, isso sem dúvida se explica por minha biografia".

codinome: "*Ökonom*", "o economista". Diplomado, ele trabalha no Ministério do Comércio Exterior da Alemanha Oriental. Enviado a Düsseldorf para espionar o ambiente de negócios da Alemanha Ocidental, em poucos anos ele consegue penetrar nas maiores empresas alemãs, da Krupp à Thyssen, passando pela BASF e pelo Dresdner Bank. Seu sucesso o faz subir rapidamente na hierarquia da Stasi: ele recebe um novo codinome, "Arthur", e é promovido a gerente e depois a diretor, colecionando condecorações, prometido a um futuro glorioso.[13]

Seu perfil só podia interessar ao então "residente" do número 4 da Rua Angelika, em Dresden, cidade abastada às margens do Elba que servia à KGB como centro de recrutamento de espiões alemães orientais a serem enviados para o Ocidente. O nome desse "residente"? Vladimir Vladimirovich Putin. A jornalista do *Financial Times* Catherine Belton investigou os anos alemães de Putin e afirma que os dois homens trabalhavam em estreita colaboração: "Warnig fazia parte da célula da KGB montada em Dresden por Putin sob a cobertura de uma agência de conselho empresarial".[14] O ex-espião alemão nega formalmente ter colaborado com o futuro presidente russo à época. Tudo leva a crer que está mentindo, pois sabemos que os dois homens foram condecorados juntos durante um evento da

---

[13] Seus trabalhos práticos e teóricos, especialmente um relatório de maio de 1987, sobre o sistema energético alemão ocidental e suas falhas, são importantes na sequência de nossa história.

[14] BELTON, Catherine. *Les Hommes de Poutine*. Paris: Talent Éditions, 2022.

Stasi, em fevereiro de 1988, mas isso, no fundo, tem apenas uma importância relativa no restante de suas aventuras.

Depois da queda do Muro de Berlim, ainda funcionário do Ministério do Comércio Exterior da Alemanha Oriental, Warnig participa das negociações a respeito dos aspectos econômicos da reunificação alemã. Ele impressiona seus interlocutores por seu conhecimento profundo dos segredos do capitalismo germânico e destoa entre os burocratas ultrapassados e depressivos que então povoam as instituições comunistas. Essa capacidade de adaptação às "novas realidades" é característica dos agentes secretos de segurança externa, tanto na Alemanha Oriental quanto na URSS. Warnig, como seus colegas da KGB, havia muito tempo diagnosticara a superioridade do modelo econômico ocidental e conhecia as engrenagens do sistema capitalista melhor que a maioria dos economistas franceses e ingleses.

Consciente das oportunidades que se abrem para ele, Warnig retoma o contato com seus antigos alvos ocidentais e se faz contratar por um gigante das finanças alemãs, antigamente espionado por ele: o Dresdner Bank. Ele sugere um plano simples à direção do banco: lançar-se à conquista do Leste, ser o primeiro banco a se estabelecer no promissor mercado russo. Seus novos chefes ficam entusiasmados e, alguns meses depois de sua contratação, ele abre um escritório do Dresdner Bank em São Petersburgo, na antiga sede da embaixada alemã junto aos czares. Warnig assume a direção da filial local, que logo se tornará uma das principais portas de entrada para os investidores alemães na Rússia.

É nesse momento que ele conhece *oficialmente* Vladimir Putin. O "residente" de Dresden se tornou chefe do comitê de assuntos internacionais da prefeitura de São Petersburgo. Ele detém o controle sobre os investimentos estrangeiros na cidade, e todas as implantações locais de empresas ocidentais passam por seu gabinete. Putin autoriza Warnig a abrir a primeira instituição financeira europeia em solo russo, e os dois homens logo "se tornam" muito próximos. Quando a mulher de Putin sofre um grave acidente de carro, em 1993, é Warnig quem organiza sua transferência para a Alemanha à custa do Dresdner Bank. A partir de agora, ele faz parte da família. E do clã.

Vladimir Putin constitui ao seu redor um grupo de "antigos" agentes da KGB[15] reorientados para os negócios ou para a administração pública. Warnig fornece uma caução europeia e capitais legítimos a seus projetos e, em contrapartida, eles oferecem proteção aos investidores ocidentais apresentados pelo alemão.

A Rússia da época é um gigantesco faroeste: tudo é possível para quem tem as boas conexões. Graças a Putin e seus homens, Warnig garante aos grandes grupos europeus a segurança e a tranquilidade necessárias aos negócios. Ele se impõe como um personagem central das relações comerciais germano-russas em pleno desenvolvimento, e sua lista de contatos na Alemanha não para de crescer. Mas é a chegada de seu amigo Putin ao Kremlin, em

---

[15] Ninguém sabe quem, entre esses KGBistas, realmente sai da organização em 1991 ou quem simplesmente finge sair, e sem dúvida ninguém nunca saberá.

31 de dezembro de 1999, que faz sua carreira mudar de natureza e dimensão.

Quando o clã putiniano decide se apropriar da economia russa como um todo, o Dresdner Bank fornece seu apoio. E participa de um dos maiores roubos da história contemporânea: o ataque dos novos mestres da Rússia contra a gigante petrolífera Yukos e seu dono, Mikhail Khodorkovski, culpado de ser independente demais em relação a eles. Khodorkovski é preso, e a Yukos é desmantelada, depois absorvida palmo a palmo pela Rosneft, empresa dirigida por Igor Sechin, ex-secretário de Putin na prefeitura de São Petersburgo.

Warnig está tão integrado ao clã que é logo nomeado diretor do banco Rossiya, instituição que tem um lugar à parte no mundo putiniano. Três homens próximos a Putin – Vladimir Yakunin, Andrei Fursenko e Yuri Kovalchuk – o haviam comprado no início dos anos 1990, quando o Rossiya não era grande coisa, e o transformado no fundo comum – o *obschak* – do clã. Com a chegada de Putin ao poder, o Rossiya se torna o caixa dois do regime. Ele absorve o Gazprombank – o terceiro banco do país – por um preço irrisório e multiplica as aquisições "miraculosas" de ativos cedidos por seus proprietários por um valor baixíssimo em troca de sua liberdade ou simplesmente de sua sobrevivência. O *obschak* Rossiya se dissemina por toda a economia russa como um tumor cancerígeno e financia tanto as atividades secretas do regime quanto as despesas pessoais dos membros do clã.

Controlando todos os cargos de comando político, energético e financeiro russos, Putin lança a maior operação de ingerência da história recente: penetrar e corromper as democracias europeias. Warnig é um dos personagens-chave dessa operação. Ele já não é o homem que abre as portas da Rússia para os capitalistas europeus, mas o homem que abre as portas da Europa para a cleptocracia russa. Ele participa da direção das maiores empresas do país – todas a serviço do Kremlin – e articula a compra de nossas elites políticas e econômicas. Dezenas de ex-chefes de governo, ministros e diretores de indústria são recrutados para seus conselhos administrativos. Os fundos à disposição são ilimitados, e a missão de Warnig é clara: comprar tudo o que pode ser comprado.

Seu campo de ação é continental, mas é na Alemanha que ele desempenha seu papel mais importante. A principal economia europeia também é a primeira parceira comercial da Rússia e o alvo número um do Kremlin. O plano é simples: lançar uma OPA (Oferta Pública de Aquisição) sobre o sistema energético alemão. A Alemanha Oriental importava muitos hidrocarbonetos soviéticos nos anos 1970, mas dessa vez se trata de outra coisa: tornar a Alemanha totalmente dependente do gás russo. Putin e Warnig dispõem, para esse fim, de um trunfo fundamental: o chanceler social-democrata Gerhard Schröder.

À frente da coalizão vermelho-verde, Schröder impõe um acordo de abandono da energia nuclear a um patronato recalcitrante. Para convencer os industriais a cessar as oposições, ele promete uma energia estável e pouco cara para substituí-la: o gás. Exatamente o que Putin e Warnig lhe oferecem, em quantidade ilimitada. A parceria firmada entre esses três homens atrelará o crescimento alemão à consolidação das ambições estratégicas russas. Schröder não se contenta em planejar o abandono da energia nuclear, ele também se recusa a dotar seu país de terminais de gás e, portanto, metodicamente constrói a dependência alemã do gás de Putin.

Para que esse pacto energético se transforme em revolução geopolítica, é preciso abolir os intermediários, em primeiro lugar a Ucrânia e a Polônia, nações pelas quais passam os gasodutos que abastecem a Europa de hidrocarbonetos russos. O Kremlin considera Varsóvia uma adversária e já se preocupa com as pretensões emancipatórias de Kiev: é preciso privá-las de ter um papel no abastecimento energético de nosso continente, isolá-las e abandoná-las. O chanceler Schröder inescrupulosamente sacrifica os interesses vitais poloneses e ucranianos e instaura o maior gasoduto submarino do mundo (1.224 quilômetros), que liga Portovaia, na Rússia, diretamente a Lubmin, na Alemanha. Esse projeto é a obra-prima dos três homens da fotografia tirada no palácio Yusupov. Ele será chamado de Nord Stream.

Em 8 de setembro de 2005, dez dias antes de uma derrota cada vez mais provável nas eleições, Gerhard Schröder organiza às pressas a cerimônia oficial de lançamento do projeto Nord Stream, com a presença de Vladimir Putin. O objetivo é torná-lo irreversível, enquanto se delineia no horizonte a vitória do CDU [União Democrata-Cristã], de Angela Merkel, sabidamente menos sensível às sereias russas. Nesse projeto decisivo para os equilíbrios estratégicos do continente, a União Europeia não existe: Berlim e Moscou (para ser mais exato: Schröder e Putin, pessoalmente) negociam bilateralmente e decidem tudo sem jamais informar Bruxelas. O imperativo europeu que estruturava a política alemã, de Konrad Adenauer a Helmut Kohl, passando por Helmut Schmidt e Willy Brandt, é dispensado sem debate ou comoção.

Gerhard Schröder perde as eleições dez dias depois da cerimônia, como previsto. Longe de entrar em depressão, ele declara querer "finalmente fazer dinheiro". Algumas semanas depois, ele é catapultado à liderança do conselho do Nord Stream, cujo CEO é ninguém menos que... Matthias Warnig. A rapidez com que ele passa da condição de chanceler à de funcionário da Gazprom (acionária majoritária do consórcio) provoca rangeres de dentes na Alemanha. Mas não surgem questionamentos em torno do Nord Stream nem comissões para investigar a maneira como ele foi lançado. Apenas alguns artigos críticos, alguns ataques públicos e só. Um chanceler, portanto, pode comprometer seu país num projeto explosivo e, assim que seu mandato chega ao fim, trabalhar para os principais beneficiários de suas controversas decisões sem despertar qualquer reação institucional importante na exemplar democracia que a Alemanha deveria ser.

Fazendo isso, Gerhard Schröder abre uma porta pela qual se precipitam dezenas de dirigentes do Velho Continente. Uma palavra é criada na Rússia: a "*schrödenrizatsiya*", a schröderização das elites europeias, isto é, a transformação de nossa classe política em supermercado, no qual o Kremlin e seus mastodontes energéticos, industriais e bancários podem fazer suas compras com total tranquilidade. Com o sistema russo se tornando um provedor oficial de aposentadorias douradas para nossos governantes, como garantir que a perspectiva de colaboração futura generosamente remunerada não seja cogitada quando eles ainda estão no poder e podem decidir a atitude a adotar em relação à Rússia?

Suicídio por gás

O Nord Stream é inaugurado com estrondo em Lubmin, no dia 8 de novembro de 2011. Na fotografia da inauguração, vemos a chanceler alemã, Angela Merkel, o "presidente" russo, Dmitri Medvedev (Putin, então primeiro-ministro, deixa seu ex-colaborador na prefeitura de São Petersburgo substituí-lo entre suas segunda e terceira presidências, conservando todos os poderes), o primeiro-ministro holandês, Mark Rutte, e o primeiro-ministro francês, François Fillon, celebrando suas núpcias gasíferas, sorridentes, com a abertura simbólica das comportas do gasoduto. A chanceler Merkel pronuncia uma frase que hoje ecoa estranhamente: "Com esse projeto, mostramos a que ponto acreditamos numa parceria segura e resiliente com a Rússia".

Gerhard Schröder e Matthias Warnig aparecem na foto, é claro. Eles sorriem e saboreiam o momento, levemente à parte. Mas sabem que o essencial não está sendo decidido ali. Eles tinham inaugurado o Nord Stream algumas semanas antes, no lado russo, numa cerimônia mais discreta, ao lado do amigo e empregador Putin. E eles têm consciência de que sua missão ainda não foi cumprida: a imensa capacidade do gasoduto – 55 bilhões de metros cúbicos de gás por ano – ainda é limitada para satisfazer o consumo alemão como um todo, sem falar no da Europa Ocidental em geral, deixando em aberto a possibilidade de fornecedores alternativos e a questão da passagem pela Ucrânia e pela Polônia. Para alcançar seus objetivos estratégicos – tornar a Alemanha *totalmente* dependente, a Ucrânia *totalmente* submetida e a Polônia *totalmente* marginalizada –, é preciso ir mais longe. Assim, eles começam seu *lobby* imediatamente, para que um segundo gasoduto submarino seja construído: o Nord Stream 2.

É nesse ponto que se percebem a influência de ex-dirigentes como Schröder e o perigo de deixá-los colocar suas redes e seu conhecimento íntimo das engrenagens e dos segredos de nossos Estados a serviço de interesses estrangeiros potencialmente hostis. O ex-chanceler já não está no poder, por certo, mas ele pode contar com aliados fiéis dentro da grande coalizão CDU/SPD [União Democrata Cristã/Partido Social-Democrata] formada por Angela Merkel em 2013, a começar pelo ministro da Economia, Sigmar Gabriel, e pelo ministro das Relações Exteriores, Frank-Walter Steinmeier, dois social-democratas da Baixa Saxônia, como ele. Steinmeier trabalhara sob sua autoridade quando ele fora governador daquele estado, nos anos 1990, e depois o seguira até Berlim, quando ele fora eleito chanceler, e Gabriel o sucedera na Baixa Saxônia. Incitados pelo antigo chefe, eles trabalham para acabar com as reticências daqueles que, no seio do sistema alemão, como o conselheiro de segurança de Angela Merkel, Christoph Heusgen, alertam sobre os riscos geopolíticos ligados ao Nord Stream 2.

Segundo os registros de transparência,[16] ocorreram vários encontros entre Gabriel, Steinmeier, Schröder e Warnig. O patronato – que viveu uma lua de mel com o ex-chanceler "reformador" e sempre precisa de mais gás – e os sindicatos – que estão estruturalmente ligados ao SPD e desenvolvem, graças à cogestão, um patriotismo empresarial que com frequência os leva a adotar a perspectiva do patronato – são utilizados para convencer Angela Merkel a apoiar o projeto. Como costuma acontecer, as preocupações de geopolíticos como Heusgen têm pouco peso diante das pressões dos *lobbies*, e, em junho de 2015, a chanceler aprova oficialmente o Nord Stream 2. Duplicando a capacidade de seu predecessor, esse novo gasoduto fará as importações de gás russo passarem por baixo do Báltico, entre 55 e 110 bilhões de metros cúbicos por ano.

Na época do lançamento do Nord Stream 1, em 2005, os dirigentes alemães celebravam a interdependência energética como uma garantia de paz eterna com a Rússia. Dez anos depois, após o desmembramento da Geórgia e a primeira invasão da Ucrânia, eles justificam o Nord Stream 2 com discursos "pragmáticos" sobre a necessária "compartimentação" das questões comerciais e geopolíticas, isto é, a separação dos negócios e da política. Schröder dizia que o comércio democratizaria a Rússia; Merkel afirma, ao contrário, que o comércio não tem nada a ver com a política. Os argumentos mudaram completamente,

---

[16] O Registro de Transparência é uma base de dados oficial que contém informações sobre as atividades de *lobby* e de grupos de interesses junto às instituições da União Europeia. (N.T.)

mas a decisão é a mesma: construir gasodutos, ignorar as recriminações dos aliados, trabalhar sem descanso para a dependência da Alemanha – e da União Europeia em geral – em relação aos hidrocarbonetos russos. A esmagadora maioria da classe dirigente alemã, regional e federal, política e econômica, não enxerga o problema.

O governo Merkel vai além do lançamento de um novo gasoduto: ele autoriza a Gazprom, no mesmo ano, a comprar sua maior reserva estratégica de gás. Não apenas a Alemanha transforma a Rússia em fornecedor quase exclusivo de sua energia, como também lhe entrega a gestão de uma parte de seus estoques em seu próprio território. Note-se que essas decisões, que hoje parecem surreais, foram tomadas depois da anexação oficial da Crimeia (a anexação à força de um território não acontecia na Europa desde o fim da Segunda Guerra Mundial), depois do início da guerra no Donbass e depois das (tímidas) sanções europeias e norte-americanas ao regime russo. A indústria alemã se deslumbra, e Gerhard Schröder pode agradecer publicamente a Angela Merkel por não ceder à "espiral de confronto" e por "manter os laços com a Rússia".

O pacto germano-russo é, inclusive, estendido a outros países da Europa Ocidental. Em 24 de abril de 2017, os dirigentes da Gazprom e de cinco companhias europeias – Engie, Shell, OMV, Uniper e Wintershall Dea – se reúnem em Paris para lançar oficialmente o Nord Stream 2 e assinar o protocolo de investimento de 10 bilhões de euros para sua construção. Os governos francês, holandês e austríaco se unem ao empreendimento russo de desmantelamento da segurança coletiva europeia.

Sem surpresa, Matthias Warnig se torna o CEO do novo consórcio internacional, e Gerhard Schröder preside seu conselho. Nem os protestos dos países da Europa Central, nem as resoluções do Parlamento Europeu, nem as condenações do Congresso norte-americano parecem capazes de descarrilhar o trem de uma política energética pilotada por dois alemães pagos pelos russos.

Totalmente desprezada em Paris e Berlim, consciente de que Bruxelas não tem voz ativa, Varsóvia recorre à ajuda de Washington. Em 2019, os Estados Unidos impõem as primeiras sanções ao Nord Stream 2 e às empresas ligadas à sua construção. Essas medidas desaceleram e depois bloqueiam as obras, embora restem apenas algumas partes a serem construídas. Warnig, que não é homem de se deixar abater, começa a buscar uma solução para concluir as obras. Numa linda manhã de agosto de 2020, ele chega à chancelaria do estado de Mecklenburg-Pomerânia Ocidental, a região de chegada do Nord Stream, onde a Gazprom financia absolutamente tudo, de clubes de futebol a festivais de música. Ele tem o sucesso ao alcance das mãos e uma ideia em mente: a criação de um organismo público que assuma a construção do gasoduto no lugar das empresas privadas, fáceis demais de sancionar. A aposta é que os norte-americanos não ousarão atacar uma instituição pública alemã.

Em janeiro de 2021, a criação da Fundação para a Proteção do Clima e do Meio Ambiente é votada pela Assembleia de Mecklenburg-Pomerânia Ocidental. Aos 200 mil euros dos fundos públicos se somam os 20 milhões do consórcio Nord Stream 2 (o número real logo chega a 200 milhões de euros). Qual a missão oficial da fundação? Defesa do clima, promoção de energias sustentáveis e, obviamente, do gás como "energia de transição na direção de um futuro sem emissão de carbono". Qual sua real atividade? A construção de um gasoduto submarino. Algumas dezenas de milhares de euros são dedicadas à plantação de árvores e à organização de concursos escolares em torno do magnífico tema "Como tornar a escola mais ecológica". O resto do dinheiro vai para as obras do Nord Stream 2. Pode-se imaginar algo mais cínico do que uma fundação para o clima que constrói um imenso gasoduto?[17] Seja como for, a aposta funciona: o governo Biden recua, e a última parte da obra é concluída em 10 de setembro de 2021. Seis meses antes da invasão total da Ucrânia, o trio do palácio Yusupov cumpre sua missão.

Que fique bem claro: um governo pode perfeitamente decidir abandonar a energia nuclear, apostar no gás russo e construir gasodutos submarinos que subvertam os equilíbrios geopolíticos europeus. Mas, quando os dirigentes que tomam essas decisões (como o chanceler

---

[17] No fim das contas, por que não confiar a construção de um gigantesco gasoduto a uma fundação para o clima? A Gazprom é a terceira empresa mais emissora de gás de efeito estufa no mundo, atrás da Saudi Aramco e da Energy China, mas isso não a impede de estar profundamente "preocupada" com os seres vivos e multiplicar as iniciativas de *greenwashing* na Europa. Seu programa Football for Friendship (Futebol pela Amizade, que já chegou a cinco milhões de jovens em duzentos países) incentiva as crianças, por exemplo, a nomear suas equipes com o nome de algum animal ameaçado de extinção devido às mudanças climáticas.

Schröder) e os altos funcionários que as colocam em prática (como Marion Scheller, diretora do departamento de política energética do Ministério da Economia, que logo depois ingressa na Gazprom) se tornam funcionários dos principais beneficiários dessas decisões, isso constitui um problema democrático fundamental.

A Europa inteira pagou o preço por essas decisões, tomadas sob condições muito suspeitas. No momento em que Vladimir Putin lança suas tropas contra a Ucrânia, em 24 de fevereiro de 2022, a Alemanha depende em mais de 50% do gás russo, enquanto os estoques estratégicos vendidos por ela foram metodicamente esvaziados pela Gazprom nos meses que precederam a invasão. O embargo aos hidrocarbonetos solicitado por nosso Parlamento é, portanto, adiado para mais tarde, e as importações – percentualmente, mas também em quantidade: é preciso reabastecer os estoques! – aumentam nos primeiros meses da guerra. Segundo a Eurostat, as importações europeias da Rússia, entre janeiro e agosto de 2022, aumentam em mais de 60% em relação ao mesmo período de 2021. A constatação é terrível: em vez de conseguir se livrar de sua dependência gasífera, a Europa financia por seis meses o esforço de guerra russo contra a Ucrânia, numa proporção de 800 milhões de euros por dia. Esse é o resultado das ações de Matthias Warnig e Gerhard Schröder.[18]

---

[18] Estava claro desde o início, porém, que a energia era uma arma geopolítica. O escritor imperialista Alexander Prokhanov descreve liricamente a visão russa da "parceria" energética russo-europeia: "Putin é o patriarca do gás. Foi por sua vontade que

A "Harrods Democracy"

Esta história não é exclusivamente alemã.

Esta também é a história de Hans Jörg Schelling, ministro austríaco das Finanças, que supervisionou a participação do Estado na companhia energética OMV para ajudá-la a investir no Nord Stream 2 e que depois foi trabalhar para a Gazprom. Esta é a história de sua compatriota, a ministra de Relações Exteriores Karin Kneissl, que foi recrutada pela gigante petrolífera Rosneft. Esta é a história do chanceler social-democrata Christian Kern, que se juntou ao conselho de supervisão das estradas de ferro russas do oligarca Vladimir Yakunin, ou de seu sucessor conservador, Wolfgang Schüssel, que integrou a diretoria da Lukoil. Esta é uma história que zomba das filiações partidárias e das fronteiras nacionais.

Esta é a história do primeiro-ministro finlandês centrista Esko Aho, que se junta à diretoria do Sberbank, o maior banco russo, enquanto a Rússia é apontada como

---

a grandiosa civilização do gás da Rússia foi criada. Ele estende seus dutos do Atlântico ao Pacífico. Basta-lhe franzir uma sobrancelha: os preços do gás sobem em flecha, e as usinas europeias param. Ele franze a outra sobrancelha: os preços baixam, e a Europa agradece a Deus pela misericórdia do patriarca russo". Com menos ênfase, a agência de notícias oficial Ria Novosti afirma, na época dos debates em torno do Nord Stream 2: "Encher os caixas do Estado é apenas uma das tarefas atribuídas à Gazprom". Para os dirigentes russos, uma coisa é mais importante que o dinheiro do gás: a dominação geopolítica pelo gás (ACKERMAN, Galia; COURTOIS, Stéphane (org.). *Le Livre noir de Vladimir Poutine*. Paris: Robert Laffont; Perrin, 2022).

a principal ameaça militar sobre a Finlândia e enquanto a intrusão do dinheiro do Kremlin é considerada um perigo para a segurança nacional pelo Ministério do Interior finlandês.

Esta é a história do primeiro-ministro francês conservador François Fillon, que em 2021 se junta ao grupo petrolífero Zarubezhneft e ao grupo petroquímico Sibur, de Gennady Timchenko, próximo entre os próximos de Putin, embora a Rússia tenha interferido na eleição presidencial de 2017, multiplicado os ataques cibernéticos contra nossos hospitais durante a pandemia e lançado uma ofensiva generalizada contra a presença francesa na África, colocando em perigo direto nossos soldados no Mali. Esta é a história, portanto, de um dirigente que se diz gaullista e se mostra disposto a pisar nos interesses estratégicos de nossa nação por dinheiro.[19]

Esta é a história, do outro lado do Canal da Mancha, da campanha do Brexit e de seu principal financiador, o ultrarreacionário Arron Banks. À beira da falência um ano antes, esse empresário intimamente ligado à Rússia (sua mulher é russa, e Jim Mellon, coproprietário de seu consórcio, o Manx Financial Group, por muito tempo trabalhou com o Fundo Soberano da Rússia) recupera

---

[19] Depois da invasão russa na Ucrânia, em 24 de fevereiro de 2022, por pressão da opinião pública, François Fillon anunciou, em 25 de fevereiro de 2022, sua renúncia aos conselhos administrativos dos grupos Sibur e Zarubezjneft. Esko Aho, Christian Kern e Wolfgang Schüssel também pediram demissão de seus cargos no dia seguinte à invasão. Karin Kneissl, por sua vez, retirou-se em maio de 2022.

misteriosamente sua fortuna e se torna o maior doador de todos os tempos da política inglesa, colocando 9,6 milhões de libras na campanha *Leave*.[20] A operação financeira na base de sua doação ilustra a opacidade das finanças internacionais e a fraqueza do sistema imunológico de nossas democracias diante do dinheiro "negro" ou "cinza" (não rastreável). Até hoje não sabemos ao certo de onde vêm esses fundos, mas o depoimento de Banks à comissão do Parlamento Britânico encarregada de investigar a campanha do referendo permite vislumbrar o tamanho do problema com o qual nossos sistemas políticos são confrontados. Em dado momento, perdido em confusas explicações, o generoso doador do Brexit se irrita: "Sei que vocês todos são *Remainers*... Todos os *Remainers*, levantem a mão! Vocês têm interesse direto em tentar desacreditar a campanha do Brexit. Quando vejo que não chamaram nenhuma testemunha da campanha do *Remain*... Enquanto estou sentado aqui, vocês têm George Osborne... ele é editor do *Evening Standard* [...]. O sujeito que dirige a campanha *Remain* trabalha para um oligarca putiniano em Londres: se vocês não enxergam que têm dois pesos e duas medidas, não sei o que dizer!".

O regime russo, que tentava por todos os meios enfraquecer a União Europeia, não tinha interesse algum em financiar a campanha *Remain* e não o fez, mas Arron Banks

---

[20] *Leave* (Sair) e *Remain* (Permanecer) são as duas campanhas realizadas durante o referendo sobre a saída do Reino Unido da União Europeia. *Leavers* e *remainers* são seus respectivos partidários e apoiadores. (N.T.)

tem razão a respeito de um ponto: George Osborne, grande figura do anti-Brexit, é de fato editor do *Evening Post*, que desde 2009 pertence ao bilionário russo e ex-agente da KGB Alexander Lebedev. Acusado de estar ligado à Rússia, Banks responde que todos em Londres estão. E é difícil discordar totalmente dele: a capital inglesa, farol da globalização financeira, é um paraíso para bilionários russos desde os anos 2000.

Esta é a história de Londongrado[21] e do desembarque estrondoso dos oligarcas russos na capital britânica nos anos 2000. O governo de Tony Blair encorajou vivamente a abertura aos capitais pós-soviéticos, e bilhões de libras esterlinas começaram a chover sobre o Tâmisa. A entrada da Rosneft na Bolsa (10 bilhões de dólares em ações), em 2006, após o desmembramento da Yukos, e do banco VTB (8,2 bilhões), em 2007, oficializaram a história de amor entre o capitalismo britânico e ex-membros da KGB. Corretores de imóveis, escritórios de advocacia, comunicadores, partidos e mídias, toda a boa sociedade londrina se viciou no dinheiro dos oligarcas.

Eles não são apenas bilionários, mas peões a serviço do regime. Serguei Pugachev, o "banqueiro do Kremlin" caído em desgraça, explica com clareza: "Todos recebem ligações para enviar dinheiro para este ou aquele lugar. E todos respondem 'Está bem. Do que mais vocês precisam?'". É assim que funciona. Tudo depende do líder,

---

[21] Londongrado (*Londongrad*, em inglês) é a maneira irônica de se referir a Londres como uma cidade russa, tamanha a presença de oligarcas russos na capital britânica. (N.T.)

porque ele tem um poder ilimitado. Todos estão dispostos a trabalhar de acordo com essas regras".[22] O dinheiro deles está à disposição do czar, pois este pode tomá-lo a qualquer momento. Ou tomar suas vidas. Bernard Arnault e Bill Gates fazem o que querem com suas fortunas. Não é o caso dos oligarcas russos. Pois as fortunas não são totalmente suas. Os rebeldes que são enviados para a prisão, que caem misteriosamente de janelas ou que cometem estranhos suicídios sem cartas de despedida estão aí para lembrar, em última instância, a quem pertencem as montanhas de dinheiro que eles acumulam.

Esta é a história da "Harrods Democracy" – do nome da grande loja londrina que os oligarcas russos adoram e em torno da qual compram suas casas –, que pensa que o dinheiro não tem cheiro e não entende que ele é apenas um meio a serviço de um fim. Esta é a história da utilização, por uma tirania estrangeira, da desregulação orquestrada pelos dirigentes de nossas democracias. O National Bureau of Economic Research dos Estados Unidos afirma, num relatório do qual Thomas Piketty foi um dos autores, que cerca de 800 bilhões de dólares foram encobertos no exterior depois da derrocada da URSS, ou seja, mais que a riqueza de toda a população russa. Numa entrevista de despedida ao jornal *Vedomosti*, em 2013, o dono do Banco Central da Rússia, Serguei Ignatiev, estima que 49 bilhões de dólares tenham saído do país apenas em 2012. Ignatiev também ousa aludir ao sistema

---

[22] BELTON. *Les Hommes de Poutine.*

de lavagem de dinheiro baseado em empresas "amigas", ligadas umas às outas: "Ficamos com a impressão de que todas são controladas por um mesmo grupo organizado de indivíduos". Mas Ignatiev não diz mais nada sobre o assunto. Ele ainda lembra que o vice-presidente do Banco Central, Andrei Kozlov, tentara fazer isso alguns anos antes e fora assassinado em plena rua.

Fora dos radares, bilhões de dólares provenientes da Rússia passeiam pelo mundo, tirando proveito da existência de paraísos fiscais e da opacidade das finanças internacionais. Esta é a história de democracias que, desmantelando as regulações que protegiam seus mercados internos e apagando as fronteiras entre o interesse geral e os interesses privados, abrem suas portas aos cleptocratas que querem destruí-las. E esta não é uma história exclusivamente europeia...

A roleta-russa

No início dos anos 1990, investimentos delirantes no Taj Mahal, gigantesco cassino de Atlantic City transbordante de ouro e mármore, levam Donald Trump à falência. Suas dívidas beiram os 5 bilhões de dólares, com quase 1 bilhão em garantias pessoais. Na época, Trump aponta para um sem-teto nas ruas de Nova York e diz à mulher: "Esse homem tem 900 milhões de dólares a mais do que eu". De repente, um "milagre" acontece. Seu cassino arruinado encontra novos investidores, e Trump faz seu *come-back*.

Olhando de perto, percebemos a sombra de estranhas fadas madrinhas em torno desse "milagre". Como Tamir Sapir, georgiano que se tornara bilionário graças às licenças de exportação de petróleo que a KGB lhe reservava, Sam Kislin, imigrante de Odessa que fizera fortuna a seu lado, Tewfik Arif, ex-responsável pelo comércio exterior soviético, e Aras Agalarov, antigo funcionário comunista da República do Azerbaijão que passa para o setor de importação-exportação. Todos são personagens-chave da lavagem de dinheiro da KGB, segundo Yuri Shvets, ex-agente de inteligência soviético que afirma sem rodeios: "Eles claramente salvaram Trump da falência".[23]

As relações estabelecidas naquela época permanecem. Sapir e Kislin, por exemplo, cofinanciam a construção da Trump Tower do bairro de SoHo, em Manhattan (hoje Dominick Hotel). Em 2013, Agaralov organiza o concurso Miss Universo (propriedade de Trump) em Moscou e paga 20 milhões de dólares ao magnata norte-americano para animar a noite. Arif, por sua vez, associa-se a um homem condenado, em 1998, pela justiça norte-americana por suas ligações com a máfia russa, Felix Sater, a fim de criar uma empresa de desenvolvimento imobiliário, Bayrock Group, que eles estabelecem na Trump Tower da Quinta Avenida, um andar abaixo da sede da Trump Organization. Eles propõem um negócio de ouro ao prestigioso vizinho: Bayrock financia a construção dos projetos imobiliários de luxo nos Estados Unidos ou em qualquer parte do mundo e lhe paga uma porcentagem (18%) pelo simples direito de utilizar seu nome.[24]

---

[23] BELTON. *Les Hommes de Poutine*.

[24] As fadas madrinhas sempre aparecem quando Donald Trump tem necessidades prementes de dinheiro. Em julho de 2008, por

Quando Donald Trump dá início à campanha presidencial, especuladores ligados à KGB estão bem inseridos no grupo mais próximo do candidato. Felix Sater trabalha estreitamente com Michael Cohen, advogado pessoal e faz-tudo de Trump. Sater conhece Cohen desde a infância e lhe escreve, em outubro de 2015 (numa mensagem a respeito do projeto de uma Trump Tower em Moscou): "Vou trazer Putin para esse projeto e faremos com que Donald seja eleito".[25] Aras Agalarov organiza, por sua vez, o encontro de 9 de junho de 2016, que vai parar em todas as manchetes, entre a advogada russa Natalia Veselnitskaya e Donald Trump Jr. – durante o qual ela lhe oferece seus serviços para coletar informações a respeito de Hillary Clinton. Logo depois desse encontro, Agalarov promete à equipe de Trump um "presente de aniversário importante", no dia 14 de junho. Alguns dias depois, a notícia chega: a base de dados do Comitê Nacional Democrata é invadida por um grupo de *hackers* russos, Guccifer 2.0, operado pelo GRU (a agência de inteligência militar russa), segundo informantes norte-americanos.

---

exemplo, momento em que o futuro presidente norte-americano volta a flertar com a falência, o magnata dos fertilizantes Dmitri Rybolovlev compra, por 95 milhões de dólares, a mansão de Trump em Palm Beach, uma quantia ridiculamente alta se comparada aos preços do mercado. Rybolovlev permite que Trump tenha um lucro de 56 milhões de dólares e que supere a crise, embora não tenha nenhum interesse específico na mansão, que manda destruir antes de revender o terreno, obviamente com perdas.

[25] "Trump Associate Boasted that Moscow Business Deal 'Will Get Donald Elected'", *The New York Times*, 28 de agosto de 2017.

O resto é conhecido pelo mundo inteiro: a *Wikileaks* publica os e-mails hackeados pelos russos, e as "revelações" têm um papel-chave na vitória-surpresa do antigo proprietário quase falido do cassino Taj Mahal.

Em agosto de 2020, a Comissão de Inteligência do Senado dos Estados Unidos publica um relatório que estabelece que espiões russos apoiaram ativamente a campanha de Trump. Dirigida pelos republicanos, essa comissão bipartidária se volta em particular para um novo protagonista: Konstantin Kilimnik. Ele é o outro contato russo da campanha de Trump. Não estamos mais diante das próprias redes de Trump dos anos 1990 e 2000, mas das redes de seu diretor de campanha, Paul Manafort. Grande figura republicana, Manafort ganhara dezenas de milhões de euros (não declarados, o que precipitaria sua queda) trabalhando na Ucrânia para o presidente pró-russo Viktor Yanukovich. Ele lá conhecera Kilimnik e desde então se tornara seu colaborador. Inclusive durante a campanha presidencial de 2016. O relatório do Senado detalha a maneira como os dois homens se comunicavam durante a campanha, utilizando telefones pré-pagos e serviços seguros de envio de mensagens, e identifica claramente Kilimnik como um agente secreto russo. "Tomados em conjunto, o alto nível de acesso do Sr. Manafort e sua disposição de compartilhar informações com indivíduos muito próximos dos serviços de inteligência russos, especialmente Kilimnik e associados de Oleg Deripaska,[26] representaram uma grave ameaça", conclui a comissão.

---

[26] Oleg Deripaska é um oligarca russo muito próximo de Putin. Ele se infiltrara tão profundamente no sistema norte-americano que

Na manhã de 9 de novembro de 2016, quando a vitória de Trump é confirmada, o Parlamento russo interrompe a sessão em curso e todos os deputados se levantam, aplaudindo com força. O ultranacionalista Boris Chernyshov se entusiasma: "*Yes we did it*, sim, nós conseguimos!". O porta-voz do Kremlin, Dmitri Peskov, abre um imenso sorriso: "É fenomenal!". Um homem cercado há décadas por empresários ligados à KGB e beneficiado durante a campanha pela ajuda ativa do Kremlin foi eleito presidente dos Estados Unidos. Para termos uma ideia do perigo que isso representa para a própria Europa, lembremos que dependemos de garantias de segurança norte-americana dentro da OTAN e façamos algumas perguntas simples: o que teria acontecido se Donald Trump estivesse na Casa Branca durante a invasão da Ucrânia? Que apoio receberiam os europeus por parte de um presidente com vínculos tão suspeitos com a Rússia, em caso de ataque militar contra países-membros da União Europeia e da OTAN, como os países bálticos? A vertigem provocada por essas perguntas destaca o risco vital que a corrupção faz pesar sobre nossa segurança coletiva.

Um político eleito ou um dirigente que se vende a uma potência estrangeira está desrespeitando nossas

---

tinha em seu *payroll* não apenas Paul Manafort, diretor de campanha de Trump, mas também Charles McGonigal, agente do FBI encarregado da contraespionagem e mais especificamente do dossiê sobre as ingerências russas durante a campanha presidencial de 2016. McGonigal será preso em 21 de janeiro de 2023 por trabalhar para Deripaska...

instituições e violando nossa soberania. Mas suas ações mudam de natureza quando a dita potência se volta contra nossos interesses vitais e visa desestabilizar ou subjugar nossas cidades. A corrupção se torna, então, traição. Os chanceleres, ministros e outros diretores de indústria europeus que se venderam ao Kremlin não apenas foram desleais a nossas repúblicas como também se colocaram a serviço de seu inimigo mais perigoso. Para entender isso, precisamos contar a história da guerra travada pela Rússia de Putin contra nossas democracias, uma guerra iniciada há muitos anos, uma guerra que nos recusamos a enxergar até ela nos saltar aos olhos...

SEGUNDO ATO

A GUERRA CONTRA NOSSAS DEMOCRACIAS

"BANDO DE HOMOSSEXUAIS, voltem para suas casas! Aqui não é a Europa, é a Rússia!"

Já passa da meia-noite, e o general Vyacheslac Borisov, chefe da 76ª divisão aerotransportada, está fora de si. Estamos numa barragem militar, no coração da Geórgia, numa noite quente do verão de 2008. O caos reina nos arredores, e os *kontratniki*, mercenários reconhecíveis pelo uso de uma braçadeira branca, saqueiam tudo o que podem. Temos ordens de não filmar nada. O fotógrafo Lionel Charrier, mais corajoso que eu, pega sua câmera. Um soldado se aproxima com ar ameaçador. Lionel pressiona o disparador. A fotografia do soldado acaba na capa do *Libération*. Ainda me lembro da manchete acima da imagem desse guerreiro de olhos injetados de ódio: "Até onde irá Putin?". Para o general Borisov, em todo caso, estava claro que ele iria longe, muito longe. Ele iria a todos os lugares aonde a Rússia tinha ido no passado: "Estávamos aqui antes, vocês nos expulsaram, agora voltamos".

Eu queria filmar a invasão da Geórgia para um projeto de série documental sobre o regime russo. Naquele exato momento, porém, ouvindo aquele general, tive um lampejo: "Enquanto eles não voltarem para suas casas, também vou ficando por aqui". Olhei com despeito para a mochila que estava no chão e guardava minha câmera. Eu sabia que os europeus ocidentais não entendiam, que eles não estavam prontos para entender, e que mais um filme sobre o Kremlin e suas guerras não adiantaria nada. Manon Loizeau e Nino Kirtadze tinham lançado documentários magníficos, jornalistas como Sophie Shihab, Isabelle Lasserre e Nathalie Nougayrède faziam reportagens incríveis e investigações magistrais sobre os crimes do regime russo, meu pai[27] escrevera dezenas de artigos eloquentes e publicara livros implacáveis para alertar sobre a ameaça que Putin representava para a Europa. De que adiantara? Seguiam-se as mesmas transigências, as mesmas ilusões, a mesma cegueira de nossas elites.

O problema não era a falta de informações, mas a falta de vontade de levá-las em conta. As elites francesas, alemãs e italianas não tinham a menor intenção de olhar para a realidade de frente. Melhor ficar por lá, portanto, e tentar ajudar os georgianos a resistirem. Fiquei cinco anos em Tbilisi, trabalhando pela integração europeia da jovem república caucasiana. Para mim, essa era a maneira mais adequada de trabalhar pela Europa, por seus princípios e seus interesses. Apesar dela. Ou melhor, apesar de seus

---

[27] O pai do autor é o filósofo André Glucksmann (1937-2015). (N.T.)

dirigentes, e às vezes até contra eles. Fiz de tudo para explicar a meus interlocutores de Bruxelas, Paris e Berlim que nossas democracias eram os próximos alvos, repetindo incansavelmente as palavras de Anna Politkovskaya, em que eu não acreditara em 2005. Em vão. O pior cego é aquele que não quer ver. No entanto, estava tudo ali, diante de nossos olhos, há muito tempo. Desde o início...

"A guerra é nossa ideologia nacional"

"Espalharemos incêndios, espalharemos lendas." Em *Os demônios*, de Dostoiévski, Nikolai Vsievolódovitch Stavróguin anuncia a insurreição niilista: a cidade deve queimar, física e virtualmente. Na realidade e nas mentes. Com bombas e *fake news*. "Por que tantos assassinatos, escândalos e torpezas? Para provocar um abalo sistemático das bases da sociedade, para a desintegração sistemática da sociedade e de todos os princípios; para deixar todo mundo em desalento e transformar tudo numa barafunda e, uma vez assim abalada a sociedade, esmorecida e doente, cínica e descrente, mas com uma sede infinita de alguma ideia diretora e de autopreservação, tomar tudo de repente em suas mãos."[28] Os "escândalos" simbólicos e os "assassinatos" reais participam do mesmo projeto: a instauração do caos.

Um século e meio depois, e poucos dias antes da anexação oficial da Crimeia pela Federação Russa,

---

[28] DOSTOIÉVSKI, Fiódor. *Os demônios*. Tradução de Paulo Bezerra. São Paulo: Editora 34, 2018. (N.T.)

Nathan Dubovitsky publica, em 12 de março de 2014, na revista *Russky Pioner*, um estranho conto intitulado "Sem céu". Ele narra a história de aldeões sobre cujas cabeças o céu literalmente cai durante a última guerra mundial – metáfora límpida dos russos na época da queda da URSS. Privados de estrelas, tendo "perdido o senso de altura", eles ficam obcecados com a cidade vizinha, cuja opulência e tranquilidade ultrajam a miséria e os tormentos que os acompanham. Para destruir essa cidade pretensiosa (a Europa), os aldeões criam uma organização secreta: "A Sociedade". O conto chega ao fim às vésperas do ataque final, com palavras terríveis: "Vamos voltar amanhã. Vamos conquistar ou perecer. Não existe terceira via".

Quando "Sem céu" é publicado, Nathan Dubovitsky já lançou um romance mordaz, *Quase zero*, adaptado para o teatro pelo famoso diretor Kirill Serebrennikov. Dubovitsky está longe de ser um desconhecido. Mas Dubovitsky não existe. Por trás desse pseudônimo se esconde a eminência parda do regime russo, o homem que elaborou o roteiro da tomada do poder e dos primeiros vinte anos do reinado de Vladimir Putin. Antes de se juntar à equipe presidencial, em 1999, ele frequenta a cena cultural vanguardista, é guarda-costas e guru das comunicações. Admirador do poeta Allen Ginsberg e do rapper Tupac Shakur, cuja fotografia está ao lado da de Putin em seu gabinete, ele diz se inspirar nos filósofos franceses pós-modernos Lyotard e Derrida, cujas citações insere mesmo nos discursos dos deputados mais broncos da câmara legislativa federal, a Duma. Seu nome é Vladislav Surkov.

Surkov organiza a segunda guerra exterminadora da Chechênia, embora lhe sejam atribuídas origens chechenas. Ele orquestra a campanha contra Mikhail Khodorkovski, embora tenha sido seu guarda-costas e seu diretor de comunicação. Encontramos sua marca por trás da queda de Boris Berezovsky, que, no entanto, levou-o ao Kremlin. Embora se dedique ao culto da literatura de vanguarda, Surkov lança o "Nashi", movimento da juventude putiniana que queima em fogueiras gigantes os livros julgados subversivos pelo regime. Apelidado de "o mago do Kremlin" por Giuliano da Empoli no romance de mesmo nome,[29] Vladislav Surkov é sem dúvida a figura contemporânea mais representativa do niilismo.

Obcecado por Hamlet, príncipe de um mundo desorientado e de um universo de falsas aparências, tentando constantemente embaralhar as cartas, não por acaso ele escolhe Kirill Serebrennikov, artista com a reputação de opositor, para dirigir *Quase zero*. O jornalista Peter Pomerantsev descreve a estreia moscovita da peça num artigo brilhante na *London Review of Books*[30]: enquanto as figuras importantes do regime se amontoam na sala, trechos acrescentados ao texto de última hora denunciam o "nepotismo" e a "corrupção" dos espectadores. Nenhum dos poderosos presentes ousa abrir a boca, pois ninguém sabe se o "mago do Kremlin" teve aquelas provocações

---

[29] Publicado no Brasil pela Vestígio, *O mago do Kremlin* foi o vencedor do Grande Prêmio da Academia Francesa em 2022. (N.E.)

[30] Peter Pomerantsev, "Putin's Rasputin", *London Review of Books*, vol. 33, n. 20, out. 2011.

aprovadas ou não. O objetivo é sempre o mesmo, desde Stavróguin: "a desintegração sistemática da sociedade e de todos os princípios; para deixar todo mundo em desalento e transformar tudo numa barafunda". A máquina da guerra de informação, que Surkov instaura na Rússia antes de lançá-la contra nossas democracias, não visa convencer, mas semear a dúvida e romper qualquer relação com a verdade.

"Vamos voltar amanhã. Vamos conquistar ou perecer. Não existe terceira via": essas palavras soam diferentemente quando sabemos que, no momento em que as escreve, seu autor foi oficialmente encarregado por Putin de desmembrar a Ucrânia. O conto de 2014 revela a chave para compreender a guerra híbrida travada pelo Kremlin contra nossas democracias. Os "incêndios" desencadeados e as "lendas" disseminadas, os atos terroristas e as campanhas de manipulação de informação, as torpezas e os excessos que a princípio parecem absurdos às elites europeias servem, na verdade, a um objetivo perfeitamente racional: a exportação do caos. Surkov explica isso claramente, dessa vez sem pseudônimo, num artigo publicado na imprensa russa em novembro de 2021: "A expansão do caos no exterior permite prevenir as tensões internas".

A vontade declarada de restaurar o Império decaído não é apenas a busca por uma grandeza perdida. O Império não é desejado porque finalmente trará paz e estabilidade à Rússia, mas pelo motivo contrário: sem fronteiras claras, reconhecendo apenas limites cambiantes, ele está em permanente estado de guerra. O termo utilizado pela propaganda oficial – "*Russky Mir*", ou "mundo russo"[31] – enfatiza que a Rússia tem legitimidade para intervir militarmente em todos os recantos do "mundo russo". Mas quais são os limites geográficos do "mundo russo"? A ex-URSS? O antigo bloco comunista? O império de Catarina II? Qualquer região onde residam russos? Onde quer que se fale a língua russa? Esse "mundo" não tem limites precisos, ou melhor, ele tem os limites determinados pelo czar em função de suas necessidades do momento. E a guerra se torna uma realidade constante para os russos e para as nações que são decretadas como pertencentes a seu "mundo".

Em novembro de 2016, durante uma cerimônia da Sociedade Geográfica Russa, transmitida pela televisão, Vladimir Putin pergunta a um aluno de 9 anos onde "terminam" as fronteiras da Rússia. O menino responde: "A Rússia termina no Estreito de Bering". O presidente sorri e o corrige: "Muito bem, mas as fronteiras da Rússia não têm fim". Isso diz tudo. Um verdadeiro culto às "terras perdidas" é instaurado, sem que nunca seja especificado quais terras são consideradas "perdidas" ou não. O neoimperialismo que estrutura a ideologia oficial do regime é um revisionismo geopolítico que questiona brutalmente as fronteiras do continente e, portanto, toda a arquitetura de segurança europeia. O Kremlin sabe muito bem, por exemplo, que a OTAN nunca atacará militarmente a Rússia e que sua ampliação para o leste, pelo contrário, estabilizará suas fronteiras. Mas o problema é justamente

---

[31] Em russo, "*mir*" significa ao mesmo tempo "mundo" e "paz", o que aumenta o problema: a "paz" russa é a guerra permanente.

este: o Kremlin rejeita a própria ideia de fronteira estável. Ele não teme ser levado à guerra pelos Aliados, ele teme ser obrigado à paz. Tudo o que congela a situação deve ser desfeito, tudo o que mantém a estabilidade deve ser contestado. Nesse sentido, falar em retorno da mentalidade de guerra fria na Rússia é uma síntese errônea: não há nada de estático ou "frio" no putinismo e na guerra que ele promove.

Nossa história de corrupção e traição é um drama burguês escrito na língua das elites europeias do século XXI, mas ele muda de natureza quando contado em russo. Ele se torna a história de um confronto trágico, a história de uma guerra iniciada em Moscou, em 1999, com os atentados que deram origem ao regime, e continuada na Chechênia, na Geórgia, na Síria e na Ucrânia, uma guerra cuja "linha de frente atravessa cada cidade, cada rua, cada casa", segundo Surkov,[32] e que não se limita a um território que se poderia facilmente sacrificar em nome da "paz". Piotr Tolstói, vice-presidente da Duma, leva essa lógica até o fim logo antes da invasão de 24 de fevereiro de 2022: "Cada um deve entender que temos pela frente uma mobilização e uma guerra mundial até a morte. Um perderá seu emprego, outro, sua empresa, muitos serão mutilados, muitos mais serão ceifados pela morte. A guerra é nossa ideologia nacional".[33]

---

[32] Entrevista à televisão russa em 2004.
[33] www.kasparov.ru/material.php?id=625DC7B425FDE.

A guerra é nossa ideologia nacional: essa frase invalida por si só todos os argumentos daqueles que ainda esperam que o conflito em curso seja apenas um parêntese. Sei a que ponto é difícil entender isso em Paris, Londres ou Berlim, mas os dirigentes russos não entram em guerra para obter concessões territoriais ou geopolíticas. Para eles, a guerra não é a maneira de alcançar um fim, ela é o fim em si. A famosa frase de Clausewitz – "A guerra é a continuação da política por outros meios" – se inverte na língua dos mestres da Rússia contemporânea: a política é a continuação da guerra por outros meios. Todo momento de calmaria é uma pausa, todo acordo cordial com este ou aquele dirigente ocidental é um parêntese ou um fingimento. O confronto é a norma.

A guerra é um "processo" – "a guerra finalmente tinha sido entendida como um processo", escreve Surkov em "Sem céu" –, que não tem nem declaração de início, nem negociações de fim. Sua natureza híbrida ("não linear" é o termo de Surkov) abole as fronteiras clássicas entre "tempos de paz" e "tempos de guerra", entre os assuntos internos e as relações internacionais, o dentro e o fora, o real e o virtual. Ela às vezes se materializa num enfrentamento militar, como na Geórgia ou na Ucrânia, mas ultrapassa amplamente essa moldura tradicional. Cada dirigente europeu recrutado pela Gazprom ou pela Rosneft, cada sucesso eleitoral de um movimento de extrema-direita apadrinhado pelo Kremlin, cada trecho do Nord Stream concluído, cada *fake news* difundida pela rede de televisão Russia Today, cada ciberataque contra nossas instituições e nossos hospitais, cada avanço dos mercenários do Grupo Wagner na África são vistos pelo Kremlin como batalhas vencidas na guerra contra o Ocidente.

Até onde pode ir esse "processo não linear" de guerra híbrida lançada contra nossas democracias? Em outubro de 2018, no Clube Valdai, que todos os anos reúne representantes das elites russas e europeias, Vladimir Putin declara a respeito de um eventual conflito nuclear: "Nós, enquanto mártires, iremos ao paraíso, e eles simplesmente morrerão. Porque eles não terão nem tempo de se arrepender". Putin não é suficientemente religioso para basear sua estratégia geopolítica na hipótese de uma vida após a morte. Mas seu objetivo é assustar os europeus presentes e alimentar a histeria coletiva em que mantém seu povo há anos. A partir de 24 de fevereiro de 2022, o apocalipse atômico se torna um tema recorrente no debate russo. Na televisão, os propagandistas explicam com avidez e minúcia como nossas capitais serão riscadas do mapa. Nas igrejas, os líderes ortodoxos fazem o elogio do holocausto que se anuncia. A oposição "controlada" clama por um ataque imediato. Todos esses atores têm a missão de alimentar a perspectiva do grande conflito escatológico com o Ocidente. Os aldeões de "Sem céu" só conseguem suportar sua miséria mantendo os olhos fixos no objetivo de destruir a cidade vizinha. O mesmo acontece na sociedade construída por Putin e Surkov: sonhar com a destruição de Paris, Londres ou Berlim permite suportar a pobreza, a injustiça e a opressão. "Vamos voltar amanhã. Vamos conquistar ou perecer. Não existe terceira via."

O reinado do crime

A história com cuja escrita Surkov contribuiu amplamente não é, a rigor, a sua própria história. Pessoalmente, ele não sente nostalgia da época soviética e tem uma relação intelectual ou cínica com o relato que ajuda a redigir. Esse distanciamento sem dúvida explica sua estranha queda em 2021, enquanto é preparado, nas sombras, o grande ato ucraniano de confronto com o Ocidente.

A história que Surkov coloca em cena é, em primeiro lugar, a do homem que ele serviu por mais de vinte anos, um agente da KGB que viu seu mundo desmoronar com a queda da URSS: a história de Vladimir Putin. Para compreender seus elementos trágicos, para entender a guerra travada contra nós, precisamos voltar para a Dresden do fim do ano 1989.

Na época, manifestações populares se multiplicam na Alemanha Oriental, e em todas as cidades a multidão cerca as sedes da Stasi, a odiada polícia política. Enquanto na Europa Ocidental nós nos entusiasmamos com as "revoluções de veludo" que libertam metade de nosso continente, Vladimir Putin e seus colegas vivem um cataclisma. Com pressa, eles destroem os arquivos da KGB. Anos depois, Putin falaria sobre essas horas dramáticas no livro *Em primeira pessoa*, sua autobiografia: "Queimávamos papéis noite e dia. Destruíamos tudo – todas as nossas mensagens, todas as nossas listas de contatos e agentes. Queimei pessoalmente uma quantidade enorme de documentos. Queimamos tantas coisas que nosso forno explodiu".

Uma noite, centenas de manifestantes se dirigem para o número 4 da Rua Angelika e o cercam. Putin chama reforços para proteger a casa da KGB. O comando militar soviético da Alemanha Oriental lhe responde: "Não podemos fazer nada sem ordens de Moscou. E Moscou permanece em silêncio". Essa frase – "Moscou permanece em silêncio" – simboliza, para ele, o colapso de seu universo. Não podemos entender seu pânico das "revoluções coloridas" e seu ódio visceral do Ocidente sem voltar a esses dias e noites de Dresden: Putin é um aldeão de "Sem céu", o céu literalmente cai sobre sua cabeça no final de 1989. Hoje, nossos ministros e editorialistas dizem que Putin "mudou" e que ao parceiro confiável de 2000 ou 2010 se sucedeu um louco perigoso, mas fazem isso apenas para se justificar por uma cegueira tão longa. Ele nunca foi um parceiro confiável, e seus crimes atuais não são descabidos. Tudo o que acontece hoje já existia, em germe, desde o início. Sua história é coerente. Do início ao fim.

Ele a compartilha com todos os pilares de seu regime. Homens que gravitam a seu redor desde os anos 1990. Como Igor Sechin, diretor da Rosneft, Yuri Kovalchuk, diretor do Bank Rossiya, Gennady Timchenko, diretor do grupo Gunvor, Vladimir Yakunin, ex-diretor das estradas de ferro... Todos têm laços com a KGB, vêm de São Petersburgo e se tornam bilionários em Moscou depois da chegada de seu chefe ao Kremlin. Esta é a história de um clã forjado no momento em que o Império se desintegra e em que o Estado russo se decompõe, por homens movidos pelo mesmo ressentimento e pela mesma sede de poder. Esta é a história dos opulentos chalés que eles constroem juntos às margens do Lago Komsomolskoye, uma cooperativa de *datchas* chamada por eles de *Ozero*, nome ainda hoje utilizado pelos iniciados para designar o círculo mais íntimo de Putin, que dirige a Rússia com mão de ferro.

Desde o início, o grupo Ozero se liga a outro grupo, cujo nome é cuidadosamente apagado dos registros, para não perturbar o relato oficial, mas cujo impacto ainda se faz sentir na maneira de exercer o poder em Moscou: a Gangue de Tambov, de Ilya Traber e Vladimir Kumarin, grandes figuras mafiosas petersburguenses. A jornalista Catherine Belton descreve com minúcia, em *Putin's People* [Os homens de Putin], o pacto que une os antigos agentes da KGB que migram para o setor de importação/exportação ou para a administração civil e a máfia de São Petersburgo, para se apossar do porto da cidade e de seu terminal petrolífero – que ela qualifica de "ponto zero de uma aliança entre a KGB e o crime organizado, que em seguida estenderia sua influência a toda a Rússia".[34] A ascensão do grupo Ozero é indissociável, nos anos 1990, da ascensão da Gangue de Tambov. Essa experiência inaugural marca o comportamento de um chefe de Estado que hoje age na cena mundial da mesma forma como Traber e Kumarin ontem agiam nas ruas de São Petersburgo. Como um chefe mafioso.

Em 24 de setembro de 1999, o desconhecido Vladimir Putin, recém-nomeado primeiro-ministro, revela-se

---

[34] BELTON, *Les Hommes de Poutine*.

ao mundo durante uma coletiva de imprensa no Cazaquistão, declarando a respeito dos "terroristas" chechenos: "Nós os caçaremos onde eles estiverem escondidos. Num aeroporto, se estiverem num aeroporto. E, desculpem-me a linguagem, se estiverem no banheiro, iremos atrás deles até a privada!". Ele nunca parou de falar desse jeito, desde aquele dia. Três anos depois, ele responde a um jornalista do *Le Monde* que lhe faz uma pergunta, em Bruxelas, sobre os crimes de guerra russos na Chechênia: "Se quiser se tornar um radical islâmico e estiver disposto a ser circuncidado, venha a Moscou e recomendarei que seja operado de modo a que nada cresça de novo". O presidente da Comissão Europeia, Romano Prodi, que está a seu lado na coletiva de imprensa, mantém-se impassível.[35] Provocar o interlocutor e fazê-lo baixar os olhos: o czar fala e age como um bandido. Durante um primeiro encontro na cúpula do G8, em Heiligendamm, na Alemanha, em 7 de junho de 2007, Nicolas Sarkozy fica tão atordoado com a violência de suas palavras a portas fechadas que tropeça e parece bêbado ao chegar à coletiva de imprensa. Num frente a frente, o presidente francês abandona sua promessa eleitoral de uma política mais ofensiva em relação ao Kremlin e se transforma num aliado fiel.

Putin deliberadamente ultrapassa todos os limites da decência. Em 19 de outubro de 2006, ele diz rindo ao primeiro-ministro israelense, Ehud Olmert, a respeito de Moshe Katsav, presidente de Israel, acusado de estupro:

---

[35] "Problema de tradução", dirá Romano Prodi para explicar sua falta de reação.

"Transmita meus cumprimentos a seu presidente! Ele se revelou um homem muito poderoso: estuprou dez mulheres! Eu não esperava isso de sua parte, ele surpreendeu a todos! Estamos com inveja!". A temática da violência sexual é recorrente em Putin, como nos mafiosos que ele frequentava. Mais recentemente, ao lado de Emmanuel Macron durante uma coletiva de imprensa conjunta, em 7 de fevereiro de 2022, em Moscou, ele declara a respeito da Ucrânia: "Gostando ou não, minha bela, vai precisar aceitar". A máxima é retirada de uma sátira popular de *A bela adormecida*: "Minha bela dorme no túmulo./ Inclino-me e a beijo/Gostando ou não, minha bela/Vai precisar aceitar". O abuso é erigido como um projeto geopolítico. O presidente francês não reage mais que Romano Prodi vinte anos antes.[36]

Essas manifestações são fruto de uma visão de mundo coerente. Em 18 de fevereiro de 2022, o inamovível ministro de Relações Exteriores, Serguei Lavrov, declara a respeito da iminente invasão da Ucrânia: "Faremos com que tudo aconteça com honra. Não quero recorrer a gírias, mas nós temos nosso próprio 'conceito': o sujeito diz, o sujeito faz. É preciso ao menos que os 'conceitos' também sejam respeitados em nível internacional". "Conceitos" – *poniatia* –, é assim que se designa o "código de honra" dos "ladrões dentro da lei", os famosos *vor v zakone*. As regras

---

[36] Diferentemente de seu homólogo francês, o presidente ucraniano entende do que se trata e sabe que precisa reagir. Ele responde no dia seguinte, de novo na presença de Emmanuel Macron: "Sim, a Ucrânia é bela, mas falar em 'minha' é demais".

da máfia russa substituem o direito internacional. Pouco depois da invasão, Lavrov zomba dos dirigentes franceses e de suas reações aos ataques russos, aludindo aos códigos e às palavras dos "ladrões dentro da lei": "Eles adoram se fazer de galos. O galo é, por assim dizer, o símbolo nacional dos franceses. Então os franceses se fazem de galos...". O galo, na gíria das prisões russas, é o prisioneiro efeminado e transformado em escravo sexual pelos "homens de verdade". Essa linguagem ilustra a verdadeira natureza do projeto putiniano, tal como o definiu o filósofo e especialista em relações internacionais Nicolas Tenzer: "O que Putin tenta estabelecer é a extensão do domínio do crime. Ele não está nem aí para o estabelecimento de um controle duradouro ou de um 'Reich de mil anos'; o que ele quer é mostrar que pode, sem maiores oposições, transformar o mundo no reinado do não-direito, onde tudo é possível e portanto permitido".[37]

O encontro do submundo com a polícia política, da violência bruta com a ideologia imperialista, não é novidade. Essa é a redundante história do fascismo. O diretor alemão Fritz Lang dizia a respeito de *O testamento do Dr. Mabuse*, obra-prima dirigida às vésperas da tomada do poder por Hitler, que mostra a subversão de uma cidade democrática por um gênio do crime: "Eu quis colocar na boca de um criminoso os conceitos da ideologia nazista, por exemplo: é preciso destruir a fé do cidadão no governo que ele mesmo escolheu para que das ruínas – do caos

---

[37] TENZER, Nicolas. Poutine et l'offensive périphérique. In: ACKERMAN; COURTOIS. *Le Livre noir de Vladimir Poutine*.

– possa nascer uma nova ordem social (no filme, substituo essa 'ordem' por: o reinado do crime)". Por meio de sua violência, física e verbal, e a encenação dessa violência, o fascismo perturba as consciências, inibe as resistências, torna a "matéria humana" maleável.

Die Herrschaft des Verbrechens ("o reinado do crime"): o título do manifesto niilista de Mabuse revela o valor profundo de qualquer bandidocracia. Esse texto é um verdadeiro manual de subversão terrorista: "Convém aterrorizar a alma humana até suas profundezas, com crimes enigmáticos e aparentemente gratuitos, crimes que não beneficiam a ninguém e cujo único objetivo é propagar o terror. Pois a vocação suprema dessas violências é instaurar o reinado absoluto do crime. Um estado de insegurança total e anarquia, construído sobre a destruição dos ideais de um mundo fadado a perecer. Quando os homens estiverem sob o domínio do terror, paralisados pelo medo, quando o caos for a lei universal, terá início o reinado do crime!". As bombas e os assassinatos devem suscitar uma tal histeria coletiva que os cidadãos renunciem a suas liberdades e a seus direitos para se entregar de corpo e alma ao criminoso chefe.

Vladimir Putin se torna primeiro-ministro da Federação Russa, para surpresa geral, em agosto de 1999. Logo depois, estranhos e mortíferos atentados sacodem Moscou. Rapidamente atribuídos aos "terroristas chechenos", eles nunca serão reivindicados por qualquer grupo independentista ou jihadista conhecido. As mídias russas, livres à época, revelam que uma equipe do FSB (ex-KGB) fora presa em Riazá colocando sacos de explosivos num prédio de moradia. Os defensores dos direitos humanos e vários jornalistas investigativos acusam o poder de estar na origem das explosões. A suspeita nunca será dissipada. Mas pouco importa, a opinião pública russa está em choque, e a segunda guerra da Chechênia pode começar. É essa guerra que permite a Putin assentar sua autoridade, suprimir as televisões independentes, reprimir a oposição e colocar em cena a violência do novo regime. Não basta matar, é preciso criar um mecanismo de amplificação que ecoe a morte ao infinito. De corpos torturados enviados aos familiares a filhas estupradas na frente de seus entes queridos, os crimes dos soldados de Putin são mensagens enviadas à população chechena e aos próprios russos: nossa violência não tem limites, somos capazes de tudo e nada nos deterá.

Em seus *Ensaios sobre o mundo do crime*, o grande escritor e sobrevivente do *gulag* Varlam Shalamov descreve o comportamento dos criminosos nos campos e vê na abolição dos limites a marca registrada da bandidocracia: "Toda a psicologia do crime organizado se baseia numa observação antiga, secular, feita pelos criminosos: suas vítimas nunca cometerão – nunca podem sequer pensar em cometer – os atos que eles sentem prazer em perpetrar com o coração leve e a alma tranquila, todos os dias, a cada instante. Nisso reside sua força – numa abjeção sem limites, na ausência de toda moral. Para os criminosos, não há nada 'de mais'". O criminoso (ou o fascista) mostra que é capaz de tudo para que lhe permitam tudo. A encenação da própria crueldade está na base do poder que ele exerce sobre os outros.

"Nada de mais". Nada de mais em Grózni. Nada de mais em Alepo. Nada de mais em Mariupol ou Butcha. Nada de mais no assassinato de dissidentes em nossas cidades e em nossos países. Nada de mais na lenta agonia, transmitida ao vivo (o espetáculo do crime conta mais do que o crime em si), do agente renegado Alexander Litvinenko, envenenado com polônio em plena Londres. Nada de mais no fato de Andrei Lugovoi, o principal suspeito do assassinato, procurado pela justiça britânica, tornar-se uma estrela nacional e ser "eleito" para a Duma logo depois. Nada de mais na camiseta com os dizeres "Polônio", com que o suposto assassino recebe os jornalistas europeus para uma coletiva de imprensa. Nada de mais no terror. Nada de mais na violação de nossa soberania e na humilhação de nossas instituições e de nossos dirigentes.

O cozinheiro do caos

Nada de mais na história de Yevgeny Viktorovich Prigozhin, bandido de São Petersburgo condenado em 1981 a doze anos de prisão por "banditismo, fraude e incitação de menores à prostituição". Ele faz fortuna oficialmente ao sair da prisão, vendendo cachorro-quente. Tornando-se o "cozinheiro do Kremlin" com a chegada ao poder de Putin, o ex-detento recebe em seu barco-restaurante, o *New Island*, Jacques Chirac, em 2001, e George W. Bush, em 2002. O proxeneta petersburguense acumula licitações públicas, torna-se riquíssimo e constrói um império dotado de suas próprias mídias e de seu próprio exército. Um império inteiramente dedicado à máxima de Stavróguin: "Espalharemos incêndios, espalharemos lendas".

Para os "incêndios", Prigozhin funda o Grupo Wagner e confia a direção operacional a Dmitri Utkin, ex-agente do GRU conhecido pela brutalidade e pelas tatuagens à glória da SS. Ucrânia, Síria, Líbia, Sudão, República Centro-Africana, Mali: os mercenários de Prigozhin percorrem o mundo, espalham incêndios antiocidentais pelos quais o Kremlin não se responsabiliza diretamente. Eles se transformam na guarda pretoriana dos autocratas locais ou instalam novos no poder em troca do rapto de matérias-primas dos países nos quais operam. O Grupo Wagner está a meio caminho entre as forças especiais e a máfia. Ou melhor, ele é uma fusão das duas: um grupo criminoso paramilitar e paraestatal.

Depois de 24 de fevereiro de 2022, o Grupo Wagner recruta milhares de criminosos nas piores prisões da Rússia para enviá-los ao *front*. O próprio Prigozhin faz uma turnê pelas colônias penitenciárias. Um vídeo de setembro de 2022 o mostra discursando a centenas de prisioneiros em trajes pretos de *zeks*: "Represento o grupo militar privado Wagner. Se quiserem, vocês podem sair da prisão agora. Em troca, precisam doar seis meses de seu tempo ao esforço de guerra. Seis meses e estão livres. Mas, se chegarem à Ucrânia e acharem que a guerra não é para vocês, serão considerados desertores e fuzilados por um pelotão de execução. Ninguém voltará para trás das grades. [...] Vocês querem garantias? Somente duas pessoas podem tirá-los daqui: de um lado, Deus ou Alá, dentro de um caixão de madeira. Do outro, eu. Posso tirá-los daqui vivos. Enfim, vocês talvez não vivam muito tempo, é verdade...".

Segundo o site independente Mediazona, censurado na Rússia, sua turnê pelas prisões dura todo o verão de 2022. Na colônia penitenciária IK-2 de Rybinsk, em 1º de agosto, ele declara aos detentos reunidos no pátio: "Não somos um exército clássico, mas um verdadeiro grupo criminoso organizado e paramilitar. Meus homens entram em países africanos e não deixam nada vivo para trás. Agora eles estão destruindo nossos inimigos na Ucrânia. A decisão de servir ao Grupo Wagner é um pacto com o diabo. [...] A Terceira Guerra Mundial começou e vocês podem participar dela, rapazes!". Os assassinos são particularmente procurados, os drogados são excluídos. A oferta que ele faz é simples: depois de seis meses no *front*, os presos voluntários estão livres, e sua ficha criminal é apagada. No dia 25 de julho, na colônia IK-4 de Plavsk, ele confirma aos presos que se sente como um deles: "Vivi dez anos na prisão e sei que vocês vão gostar da minha proposta". Prigozhin é cria de Putin e Traber, filho das núpcias originais entre a KGB e a máfia.

Em 13 de novembro de 2022, o canal de Telegram Grey Zone, ligado ao Grupo Wagner, difunde um vídeo atroz. Um homem tem a cabeça presa a uma pedra e o crânio esmagado a marretadas. Seu nome é Yevgeny Nuzhin, detento recrutado alguns meses antes na colônia penitenciária de Riazã. Em setembro, ele se rendera ao exército de Kiev, depois fora trocado por um grupo de prisioneiros ucranianos. O espetáculo da execução do "traidor" é uma mensagem para os outros recrutas e para o mundo. O vídeo logo viraliza. Em poucas horas, tem milhões de visualizações. No dia seguinte, Prigozhin comemora publicamente o sucesso de sua "produção" e da qualidade da "direção": "Aquele homem não encontrou a felicidade na Ucrânia, ele encontrou pessoas pouco amáveis, mas justas. Esse filme poderia se chamar *Aos cães uma morte de cão*. O diretor fez um trabalho magnífico, a que se assiste de uma só vez. Só espero que nenhum animal tenha sido machucado durante as filmagens".[38]

Numa guerra híbrida, os "incêndios" se transformam em "lendas", e vice-versa. A agressão física e a ofensiva cognitiva caminham lado a lado. Para disseminar as "lendas" russas em nossas cidades, Prigozhin funda, em 2013, a Internet Research Agency (IRA). Você talvez não conheça seu nome, mas é provável que já tenha cruzado com ela se usa o Facebook ou o Twitter para discutir notícias ou expressar suas opiniões políticas. Seus *trolls* e *bots* inundam as redes sociais de *fake news* e comentários de ódio em inglês, francês, espanhol, alemão... A IRA é a equivalente virtual do Grupo Wagner: um exército do caos. Seguindo os princípios de Surkov, ela não visa convencer, mas embaralhar as coisas, tornar os fatos duvidosos e transformar o absurdo em hipótese plausível.

A obra-prima das tropas digitais de Prigozhin é, sem sombra de dúvida, a eleição presidencial de 2016 nos

---

[38] Além do fato de que se apoia numa potência nuclear, qual a diferença entre o Grupo Wagner e o Estado Islâmico? Por que ele não está na lista europeia de organizações terroristas, como exigido pelo Parlamento Europeu?

Estados Unidos. No ano anterior à votação, 150 milhões de norte-americanos são afetados pelas mensagens das quatro mil contas humanas e dos cinquenta mil *bots* anglófonos da IRA no Twitter e no Facebook. Suas postagens e seus tuítes são lidos 288 milhões de vezes durante as últimas semanas da campanha, entre 1º de setembro e 15 de novembro de 2016. E eles não visam a qualquer um, em qualquer lugar. A IRA mira prioritariamente nos eleitores dos "Swing States", os estados indecisos nos quais a vitória é decidida por algumas dezenas de milhares de votos. Todos passam para o lado republicano nos dias que precedem a votação. Trump vence por 10.704 votos em Michigan, 112.911 votos na Flórida e 44.292 votos na Pensilvânia. As consequências mundiais de transferências de votos tão pequenas são vertiginosas, e o exército digital da IRA não está alheio a elas. Em fevereiro de 2018, Yevgeny Prigozhin e a Internet Research Agency são acusados por um grande júri norte-americano de interferir na eleição de 2016. Em 7 de novembro de 2022, Prigozhin admite seu papel. Depois, em resposta a uma pergunta sobre as eleições legislativas de 2022, ele proclama com orgulho: "Sim, nós interferimos, é o que fazemos e vamos continuar fazendo. Com precaução, precisão, de maneira cirúrgica, de uma maneira que nos é própria".[39]

Essa "maneira" é a exportação do caos para o centro de nossa vida pública. Tudo o que polariza nossas sociedades e alimenta uma atmosfera de guerra civil em nossas redes

---

[39] Citado numa postagem das redes sociais de sua empresa Concord.

é bem-vindo. Pouco importa o conteúdo, desde que seja radical e defendido de modo extremo. Em muitos casos, os *trolls* da IRA tomam partido simultaneamente nos dois campos mais opostos de um debate. Eles impulsionam tanto a *hashtag* BlackLivesMatter quanto a AllLivesMatter, apoiam tantos os independentistas catalães quanto os ultranacionalistas espanhóis do partido Vox, ficam indignados com as violências policiais na França e exortam as forças da ordem a abrir fogo sem hesitação... Prigozhin se associa a supremacistas brancos e ao pan-africanista Kémi Séba no mesmo dia: não existe mais contradição. Ou melhor: a contradição não é mais percebida como um problema, ela é um método e um objetivo. A IRA não inventa as fraturas de nossas sociedades, ela as identifica, explora e exacerba.

A estrela de Prigozhin um dia se apagará, como a de Surkov, e outro "herói" tomará seu lugar na vanguarda da cruzada lançada contra nossas democracias. Pois a subversão organizada pelo regime russo não é coisa de indivíduos demoníacos, mas uma doutrina estratégica, uma dinâmica estrutural. Esta é a história de um sistema político-mafioso que entendeu melhor que o próprio Zuckerberg o que foi criado com o surgimento do Facebook e sua transformação em praça pública do século XXI. Nas redes, a abolição das hierarquias do conhecimento, a igualdade das posições de fala, a destruição das esferas que deveriam informar e filtrar o debate, a possibilidade de anonimato e de pseudonimato geram um caos de informação. Os algoritmos das grandes plataformas digitais, opacos e fora do alcance do poder público, criam bolhas de informação que favorecem o acesso às opiniões parecidas com as nossas e alimentam a polarização da sociedade ao priorizar os pontos de vista mais inflamados (o *emoticon* "raiva" equivalia a cinco "*likes*" para o algoritmo do Facebook). Eles dividem as comunidades e radicalizam suas oposições. O lugar onde ocorre *nosso* debate público corresponde perfeitamente ao *éthos* de nosso inimigo e a sua estratégia de subversão permanente.[40] Jogamos *em casa*, mas em ambiente hostil, e os agentes, conscientes ou não, da ofensiva russa contra nossas democracias são ilimitados dentro da própria Europa.

Uma internacional nacionalista

Em seu empreendimento de desestabilização de nossas nações, o Kremlin pode contar, dentro da classe política europeia, com uma leal "quinta coluna": a extrema-direita, em pleno crescimento por todo o continente. Fascinados pela figura do líder personificada por Putin, dispostos a tudo para derrubar a hidra de Bruxelas, seduzidos pela ideologia reacionária promovida pelo Kremlin e com frequência carecendo de fundos, quase todos os diferentes partidos que a compõem defendem

---

[40] A RT, rede de televisão oficial russa de notícias internacionais, que tinha sedes na França, na Espanha e na Inglaterra, refletia totalmente essa estratégia, filmando todas as contestações, de onde quer que viessem. Quem assistisse à RT antes de ela ser proibida teria a impressão de que as democracias europeias estavam mergulhadas em constantes guerras civis.

a Rússia. Para além de suas divergências sobre as questões sociais, econômicas e morais, eles compartilham uma mesma lealdade ao Kremlin. Do AfD alemão ao RN francês, da Lega italiana ao FPÖ austríaco,[41] esses ditos movimentos "patriotas" serviram por anos à agenda política de uma tirania estrangeira.

Como sempre, Putin pede a "seus" bilionários que realizem missões difíceis de assumir publicamente. O oligarca Konstantin Malofeev é fundamental na instrumentalização da esfera de influência reacionária sobre a Europa. Com a Fundação São Basílio, o Grande, ele financia tanto as campanhas de propaganda contra o direito ao aborto na Europa quanto os batalhões de "voluntários" russos no Donbass.[42] Logo depois da anexação da Crimeia, fazendo a ligação entre as ações militares na Ucrânia e o combate político na Europa, ele convoca, em 31 de maio de 2014, em Viena, toda a extrema-direita continental a planejar uma grande "revolução conservadora".

---

[41] Alternative für Deutschland (AfD, Alternativa para a Alemanha), Rassemblement National (RN, Reunião Nacional), Lega Nord (Liga Norte), Freiheitliche Partei Österreichs (FPÖ, Partido da Liberdade da Áustria), partidos de extrema-direita europeus. (N.T.)

[42] O homem que comanda os primeiros esquadrões russos no Donbass, o coronel Strelkov, é o antigo chefe da segurança pessoal de Malofeev. Outro de seus empregados, Alexander Borodai, autoproclama-se, em maio de 2014, primeiro-ministro da "República Popular de Donetsk". Malofeev está, portanto, no coração do dispositivo ucraniano de Putin, além de trabalhar na parceria com a extrema-direita europeia.

No suntuoso palácio Liechtenstein, em meio a afrescos e estátuas barrocas, cruzamos com um príncipe espanhol e uma herdeira italiana da dinastia Agnelli, mas, acima de tudo, com emissários dos diferentes partidos nacionalistas europeus. O Front National é representado pelo deputado europeu Aymeric Chauprade, e o FPÖ, por seu líder, Heinz-Christian Strache. A conferência organizada por Malofeev celebra os duzentos anos da Santa Aliança, pacto selado entre a Prússia, a Áustria e a Rússia ao fim da epopeia napoleônica para lutar contra a herança da Revolução Francesa. Diante do aliado inglês, considerado liberal demais, o czar Alexandre I queria atacar o mal pela raiz, expurgar a Europa de tudo o que levara a 1789 e impedir o renascimento da "Grande Nação" francesa. Ele queria enterrar o Iluminismo sob as ruínas do bonapartismo. Malofeev retoma o bastão dois séculos depois em nome de Putin. Dessa vez, a França não é o único alvo, a União Europeia é que precisa ser derrubada. Não apenas enquanto burocracia ou mercado, mas também enquanto "ideologia global".

Todos os participantes ouvem religiosamente Alexander Dugin, o "filósofo" ultraimperialista em voga no Kremlin, expor os fundamentos teóricos da nova cruzada contrarrevolucionária. Algumas semanas antes, ele anunciara o programa na televisão russa: "Devemos conquistar intelectualmente a Europa, precisamos de uma quinta coluna conservadora em cada país. Os intelectuais, os pensadores e os políticos europeus dispostos a defender suas identidades é que nos permitirão derrubar o liberalismo de uma vez por todas". O encontro em

Viena materializa esse projeto.[43] Na esteira do teórico nazista Carl Schmitt, Dugin retrata o mundo como um enfrentamento permanente e estrutural entre as potências terrestres, que ele chama de "Roma eterna", e as potências marítimas, que ele chama de "Cartago eterna". As primeiras são enraizadas e autoritárias. As segundas, sem raízes e liberais. A União Europeia é herdeira de Cartago, e Moscou tem as características de uma nova Roma. Entre as duas, nenhum convívio é possível.[44] A ocupação da Crimeia e do Donbass é o início de uma "primavera russa", que, segundo Dugin, selará a vingança de Roma sobre Cartago: "A Rússia não vai parar por aí, ela vai ampliar suas ações na própria Europa, colocando-se como ponta de lança da revolução conservadora europeia". Esse confronto não tem fronteiras nem limites. Ele coloca cada pessoa diante de uma escolha radical e absoluta entre a decadência ocidental e a renovação espiritual personificada por Putin. Os dirigentes de extrema-direita não têm nenhuma dificuldade

---

[43] O conteúdo dessa conferência deveria permanecer secreto, mas o jornalista suíço-alemão Bernhard Odehnal consegue se misturar aos convidados e publica um relato do encontro no *Tages-Anzeiger*.

[44] Esse confronto é um clássico do pensamento da extrema-direita desde Carl Schmitt. Pode ser encontrado em *Suicide français* [Suicídio francês], de Éric Zemmour. Em guerra contra esse "mundo aberto, fluido, sem ordem nem referência [...], imposto pelas potências marítimas e mercantis", o polemista francês conclui: "É sempre o mesmo confronto entre a terra e o mar".

de escolher. Se preciso, agindo abertamente contra os interesses de seus respectivos Estados. A aversão pela democracia liberal é superior a um suposto patriotismo.

Consciente do mal-estar identitário que corrói nossas nações, Vladimir Putin se apresenta como um recurso ideológico para todos os que rejeitam as mutações culturais, sociológicas e demográficas das sociedades europeias. Em setembro de 2013, no clube Valdai, ele se afirma um líder mundial dos "*anti-woke*"[45]: "Os países euro-atlânticos rejeitam e esquecem suas raízes, inclusive suas raízes cristãs, que no entanto formam a base de sua civilização. Eles renunciam a todo fundamento moral, negam toda identidade nacional, religiosa ou sexual. Eles seguem políticas que colocam um sinal de igualdade entre famílias tradicionais numerosas e uniões entre pessoas do mesmo sexo. Os excessos do politicamente correto levam no Ocidente à promoção da pedofilia. E eles pretendem impor esse modelo a todos. Isso nos leva à decadência e a uma crise moral terrível".[46]

---

[45] O termo "*woke*" ("desperto") se refere a atitudes e políticas com inclinação liberal ou progressista, que visam igualdade racial, social e de gênero, multiculturalismo, vacinação, ativismo ambiental, etc. Recentemente, o termo foi ressignificado pelo campo reacionário e passou a ser usado para criticar tanto posturas ditas demasiadamente sensíveis quanto o ativismo vazio e oportunista. (N.E.)

[46] O tema da pedofilia ocidental é uma obsessão recorrente em Putin. Em seu discurso à nação, em 21 de fevereiro de 2023, ele declara a respeito de nossos Estados: "Vejam o que eles fazem com seus próprios povos. A destruição das famílias, das identidades culturais e nacionais, a perversão e os maus-tratos das crianças, até a pedofilia, são declarados como sendo a norma. Essa é a norma de suas vidas".

As lutas feministas o incomodam? Na Rússia, despenaliza-se o ato de bater na mulher. Você se opõe ao casamento para todos? Na Rússia, criminaliza-se "a propaganda LGBTI". Você se angustia com a imigração ou o multiculturalismo? Venha ver como tratamos os "escuros". Moscou se torna o ponto de encontro de todos os medos europeus.

Mais uma vez, nada de novo. No final do século XVIII, Joseph de Maistre travara sua guerra cultural contra o Iluminismo a partir de São Petersburgo. Quando Malofeev financia ONGs homofóbicas e xenófobas, ou quando o First Czech Russian Bank concede um empréstimo de 9 milhões de euros ao Front National, assistimos à continuação de uma velha tradição russa: utilizar as forças mais reacionárias do continente europeu para minar as bases de nossas democracias.

O incentivo aos nacionalismos europeus, o envio de mercenários do Grupo Wagner à África, os ataques de *hackers* do GRU, as *fake news* do IRA e de redes de televisão como a RT têm um único objetivo: "a exportação do caos". Tudo estava anunciado. Com a comissão especial sobre a ingerência, documentamos essa cruzada, estabelecemos a lista de falhas de nossos sistemas de defesa e analisamos a fraqueza das reações europeias. O que não conseguimos fazer, porém, foi responder a uma pergunta simples: por quê? Por que esses vinte anos de cegueira voluntária e apatia diante dos repetidos ataques de uma tirania estrangeira contra nossa soberania? Por que essa recusa em ver o que era visível e em acreditar no que era evidente?

"A guerra de Troia não acontecerá"

Esta é a história de homens e mulheres convencidos da paz com um regime movido pelo ardente desejo de guerreá-los, de homens e mulheres tão apegados às suas ilusões que metodicamente desconstroem a realidade que lhes salta aos olhos a cada etapa sangrenta da longa guerra de Putin contra nossas democracias.

Às vésperas dos anos 2000, Vladimir Putin inaugura seu reinado aniquilando a Chechênia. Cem mil mortos numa população de 1 milhão de pessoas, a capital Grózni, de 400 mil habitantes, totalmente arrasada, crimes de guerra e crimes contra a humanidade. O que fazem nossos dirigentes? Nada. Os informantes russos, os jornalistas europeus e as vítimas chechenas não são ouvidos nem escutados. *No fundo*, é mais complicado do que parece, os chechenos não são santos, e Lermontov já falava de suas traições num conto popular de quase dois séculos atrás. O problema é checheno. *Business as usual*.[47]

Em 2008, Vladimir Putin lança suas tropas ao ataque da Geórgia e amputa 20% do território do país. O que fazem nossos dirigentes? Para poderem manter a passividade, eles culpam o presidente Saakashvili pela invasão e pelo desmembramento de sua nação. Eles enviam ao país uma

---

[47] O autor emprega, com ironia, expressão inglesa do jargão empresarial que denota operações normais e corriqueiras ("negócios como de costume"). Também é usada em contextos mais gerais para se referir a ações e comportamentos que permanecem inalterados mesmo em face de uma situação difícil ou adversa. (N.E.)

comissão dirigida por uma diplomata suíça, a Sra. Tagliavini, que conclui que as tropas russas de fato invadiram a Geórgia, mas que os georgianos atiraram primeiro (como os poloneses, quando os soldados alemães cruzaram suas fronteiras em 1939, sem dúvida). O VAR[48] europeu falou: 1 a 1 para agressor e agredido, bola ao centro. *No fundo*, é mais complicado do que parece, os georgianos não são santos. O problema é georgiano. *Business as usual*.[49]

Em 2014, Vladimir Putin envia seus soldados disfarçados de "homenzinhos verdes" para se apoderar da Crimeia e ocupar o Donbass para punir o povo ucraniano por ousar uma revolução democrática. Pela primeira vez desde a Segunda Guerra Mundial, um território soberano é anexado à força na Europa, a arquitetura de segurança do continente, que resistiu a décadas de guerra fria, é desmantelada. O que fazem nossos dirigentes? Aplicam sanções leves e seguem construindo gasodutos e convidando Putin a Versalhes ou Brégançon. *No fundo*, é mais complicado do que parece, os ucranianos não são santos, e uma parte deles fala russo. O problema é ucraniano. *Business as usual.*

Em 2015, Vladimir Putin envia seus aviões, suas forças especiais e seus mercenários à Síria para salvar o

---

[48] O Video Assistant Referee (VAR) é o árbitro assistente de vídeo utilizado nas partidas de futebol e permite rever os lances para confirmar ou refutar uma decisão do árbitro principal.

[49] É verdade que o presidente francês Nicolas Sarkozy conseguiu um cessar-fogo, mas ele não reagiu quando Vladimir Putin se recusou a colocar em prática os seis pontos negociados. Pelo contrário, Sarkozy em seguida oficializou a venda de navios de guerra de tipo Mistral à Rússia. *Business as usual.*

ditador Bashar al-Assad. A intervenção russa muda o curso da guerra civil e acaba com a revolução síria. A oposição (teoricamente apoiada pelos ocidentais) é infinitamente mais atacada do que o Estado Islâmico, os hospitais são tomados por alvo, Homs e Alepo são reduzidas a cinzas. O que fazem nossos dirigentes? Com exceção de François Hollande, que é o único a tentar agir, eles seguem com seu comércio e olham para o outro lado. *No fundo*, é mais complicado do que parece, os revolucionários não são santos, e há jihadistas entre eles. O problema é sírio. *Business as usual*.

Por vinte anos bati de frente com essa recusa de colocar as guerras de Putin no âmbito de uma explicação mais ampla, com essa vontade de limitá-las a realidades locais apresentadas como "cinzentas". Quando estudante, fui cofundador de uma ONG que ajudava jovens chechenos a estudarem na Europa, filmei as "revoluções coloridas", passei cinco anos em Tbilisi e, mais tarde, em vão tentei explicar as implicações da revolução ucraniana e as consequências da intervenção russa na Síria. Em Bruxelas, Berlim ou Paris, eu era visto como um romântico apaixonado pelas montanhas do Cáucaso e pelas planícies da Ucrânia. Eu precisava ser "realista" e compreender que tudo era mais "complicado". *No fundo*, Raphaël, se os chechenos, os georgianos e os ucranianos têm um problema ancestral com os russos, o problema é deles, não nosso. *Business as usual*.

Esse desejo de manter a ameaça à distância fez com que todos os alarmes emitidos na União Europeia fossem ignorados e desprezados. Quando Nicolas

Sarkozy decidiu vender navios porta-helicópteros Mistral à Rússia depois da invasão da Geórgia, a ministra da Defesa lituana, Rasa Juknevičienė, avisou a seu homólogo francês, Hervé Morin, sobre o risco de esses navios serem utilizados contra aliados da França: "Eu lhe disse que no futuro os Mistral poderiam ser utilizados na Ucrânia e até mesmo aqui, na Lituânia. Ele me respondeu que isso estava ligado a nossos traumas passados e que eu estava tendo dores fantasmas...". Uma ministra da Defesa de um país-membro da União Europeia e da OTAN compartilha suas legítimas preocupações de segurança, e seu colega francês a aconselha, em linhas gerais, a se tratar com um psicólogo. Não fiquei sequer surpreso quando ela me contou essa anedota num corredor do Parlamento Europeu, esse era o estado de espírito que reinava em Paris e Berlim nos anos 2000 e 2010. As preocupações de Vilnius, Tallinn, Riga, Varsóvia ou Bratislava não nos diziam mais respeito que os gritos de Grózni ou Alepo. *No fundo*, Raphaël, a Europa Central está obcecada com seu passado e se recusa a admitir que a Rússia mudou e que agora é nossa aliada. O problema é báltico ou polonês. *Business as usual.*

Mas, quando os *hackers* russos invadem os servidores da campanha de Emmanuel Macron a poucos dias do segundo turno presidencial de 2017 ou atacam a Agência Europeia de Medicamentos em plena pandemia, no momento da aprovação das vacinas, quando espiões russos oferecem dinheiro e tropas aos líderes independentistas catalães às vésperas do referendo de autodeterminação que sacode a Espanha, ou quando os mercenários do

Grupo Wagner atacam os militares franceses na África, torna-se difícil dizer que o problema não é nosso. O distanciamento é estabelecido de outra forma: o problema é nosso, mas ele não é tão importante assim. Nem um pouco preocupante. Nossos dirigentes folclorizam os atentados a nossa soberania: *no fundo*, os russos são assim, brutais e agressivos, mas eles têm gás, e nós precisamos deles em muitas questões essenciais (um dia alguém vai ter que me explicar em qual dessas "questões essenciais" eles nos ajudaram nos últimos vinte anos). Passamos o pano sobre os ataques contra nossa segurança em nome do "realismo". *Business as usual.*

Como explicar tanta *vontade* de não enxergar, de não entender? Não se trata apenas de corrupção. O dinheiro russo entrou em nossos sistemas e influenciou nossas decisões, como vimos nas páginas anteriores, mas a maior parte dos dirigentes do Oeste europeu não recebeu nenhum euro de Moscou e não foi trabalhar para a Gazprom ou para a Rosneft depois de seus mandatos. No entanto, quase todos compartilharam da mesma negação da realidade. Mais que uma história de malas de dinheiro ou aposentadorias douradas, esta é a história de uma imensa falência intelectual e mental.

Romain Gary escreveu, em *Promessa ao amanhecer*: "Entendo muito bem aqueles que se recusaram a seguir De Gaulle. Eles estavam confortáveis demais em seus móveis, que chamavam de condição humana. Eles tinham aprendido e ensinavam 'a sabedoria', essa camomila envenenada que o hábito de viver aos poucos derrama em nossa garganta, com seu gosto adocicado de humildade, renúncia e aceitação". As elites francesas não seguiram o general De Gaulle até Londres em 1940 e não entraram na Resistência. Mas elas não eram nem majoritariamente pró-nazistas nem pró-alemãs. Elas estavam apenas "confortáveis demais em seus móveis" e eram "sábias" demais, prisioneiras de seus hábitos e apaixonadas pelo conforto proporcionado pela renúncia de ser. Apáticas.

Da mesma forma, os dirigentes que tiveram nas mãos o destino da Europa nos últimos vinte anos não eram, em sua maioria, nem abertamente pró-russos nem realmente pró-Putin, eles apenas gostavam demais de seus "móveis" para querer mudar e eram "sábios" demais para querer reagir. Eles tinham aprendido que a História chegara ao fim, que a Europa já não tinha inimigos, que a interdependência garantia a paz e que um chefe de Estado que usava terno não podia ser má pessoa. Eles estavam "confortáveis" demais em seu mundo de quimeras – um mundo no qual as únicas guerras a travar eram as operações da polícia internacional contra grupos jihadistas no Oriente Médio ou na África – para aceitar a realidade.

Para compreender a gravidade da situação, seria preciso ler e entender Surkov e Dostoiévski. Nossos governantes não fizeram isso e acreditaram poder estabelecer uma "parceria mutuamente benéfica" com Stavróguin e manter uma relação pacífica, e mesmo amigável, com os aldeões de "Sem céu", movidos pelo insaciável desejo de destruí-los. Como costumam fazer os ocidentais, os dirigentes europeus imbuídos de si mesmos atribuíram ao outro sua maneira de ver o mundo, analisaram o comportamento externo à luz de seu próprio e dispensaram apressadamente todos os elementos que contradiziam suas certezas. Eles reduziram a hostilidade visceral de Putin a uma banal questão de disputa de influências para que ela coubesse em sua sala de estar mental sem precisar deslocar nenhum "móvel". Até o fim, mesmo diante das tropas russas que se amontoavam na fronteira da Ucrânia e das informações repassadas pelos norte-americanos, eles estiveram convencidos de que o tirano blefava, de que ele não atacaria, de que todo aquele aparato militar não passava de um espetáculo que visava obter concessões. A guerra total não fechava com seus quadros analíticos, portanto era impossível.

A França, sob esse ponto de vista, é um caso exemplar, pois não estava tão chapada de gás russo quanto a Alemanha ou tão viciada nos bilhões dos oligarcas quanto a Inglaterra. Nossa nação pactuou com o diabo por razões "nobres". Tratava-se de uma visão de mundo, de história e de cultura. A ilusão romântica de uma "relação privilegiada" com Putin se transmitiu de presidente a presidente, com a notável exceção de François Hollande. O fato de essa "relação privilegiada" não ter trazido rigorosamente nada a nosso Estado em vinte anos, com exceção do rancor do Leste Europeu e da perda de nossa credibilidade estratégica, não mudou as coisas. Nossas elites se acreditavam fiéis a uma grande tradição que nunca existiu de verdade e pensavam elevar nossa nação ao se curvar repetidamente a um ex-agente da KGB em guerra contra nossos princípios e nossos interesses.

Embora Emmanuel Macron tenha sido vítima das interferências do Kremlin em 2017, quando os serviços russos tentaram inverter o curso da eleição presidencial hackeando sua campanha logo antes do segundo turno que o opôs a Marine Le Pen, assim que entrou no Palácio do Eliseu, ele recolocou no meio da sala de estar os "móveis" russos de nossa diplomacia, que seu predecessor lucidamente guardara num depósito. Dos ouros de Versalhes ao forte de Brégançon, passando pelo museu Hermitage de São Petersburgo, Emmanuel Macron fez de tudo para cultivar sua relação com Vladimir Putin. Em Brégançon, ele chegou a chamar a ocupação do Donbass e da Crimeia de um simples "desconforto" nas relações franco-russas. Ao longo de seu primeiro mandato, ele multiplicou os discursos líricos sobre "a Europa de Brest em Vladivostok", que ainda é difícil entender como poderiam se conjugar às suas falas apaixonadas sobre a autonomia estratégica da União Europeia. Mas é durante seu discurso aos embaixadores, em 2019, que ele mais claramente expressa sua "sabedoria" sobre a Rússia contemporânea.

Nesse dia, o presidente Macron apresenta sua "agenda de confiança" com Moscou, "sem ingenuidade". Ele reconhece os ataques russos contra os interesses europeus e a fraqueza de algumas reações, mas faz a seguinte pergunta: queremos um confronto com um vizinho que será nosso vizinho para sempre? Não. A Rússia continuará no mesmo lugar, então precisamos acabar com a oposição estéril que se delineia e sair do impasse estratégico ao qual nos conduzem alguns de nossos "amigos": "Acredito que precisamos construir uma nova arquitetura de confiança e de segurança na Europa, porque o continente europeu nunca será estável e nunca estará seguro se não pacificarmos e esclarecermos nossas relações com a Rússia. Esse não é o interesse de alguns de nossos aliados, tenhamos clareza disso. Alguns, aliás, sempre nos levarão a mais sanções, porque esse é seu interesse. Ainda que sejam nossos amigos. Mas esse interesse não é exatamente o nosso. E acredito que, para chegar ao objetivo que acabo de mencionar, que é o de reconstruir um verdadeiro projeto europeu nesse mundo que corre o risco da bipolarização, é preciso formar uma frente comum entre a União Europeia e a Rússia".

Traduzindo o presidente da República: o desmembramento da Geórgia, a destruição da Síria, a primeira invasão da Ucrânia e o ataque contra nossas instituições não foram o que levou à progressiva deterioração de nossas relações com Moscou. Não são as ações de Putin que estão na base das tensões. Não, "nossos amigos" (norte-americanos e europeus do Leste, note-se bem) é que têm interesse em sanções, incitam-nos à tensão e correm o risco de destruir o grande projeto de uma arquitetura de segurança continental construída junto com o Kremlin. Ao contrário deles, Emmanuel Macron propõe, então, uma "frente comum entre a União Europeia e a Rússia". Em 2019!

Inspiradíssimo, ele continua: "Quero que atuemos nesse eixo, porque ele é indispensável para conseguirmos obter resultados e uma verdadeira estratégia europeia. É o que farão o ministro de Relações Exteriores e o ministro do Exército quando eles viajarem dentro de poucos dias para Moscou para retomar o diálogo. É o que buscamos por meio de um diálogo constante com o presidente Putin, e vamos instaurar esse grupo de trabalho para avançar na direção dessa arquitetura comum". Pulando por cima de Bruxelas, Riga, Tallinn e Varsóvia, o presidente restaura os conselhos de defesa conjuntos com Moscou, apesar da anexação da Crimeia e da ocupação do Donbass. E depois as pessoas se espantam em Paris com o ceticismo dos bálticos, dos poloneses ou dos altos funcionários da Comissão Europeia diante de suas propostas para a autonomia estratégica europeia, em última análise essenciais...

Ainda no mesmo discurso prolixo, Emmanuel Macron diz a expressão que revela a chave de sua visão de mundo: o confronto com a Rússia é o produto de uma "sucessão de mal-entendidos" que precisamos resolver. "Uma sucessão de mal-entendidos." Reduzir o confronto entre dois sistemas de valores antagônicos a "mal-entendidos" é típico de uma visão cômica de mundo. Numa comédia, o conflito é um quiproquó perfeitamente solucionável, e o riso nasce justamente da transformação de pequenos pontos de atrito em montanhas intransponíveis por protagonistas que sofrem de mania de grandeza. Numa tragédia, o conflito, pelo contrário, é uma oposição sem escapatória. Sem "ao mesmo tempo".[50] Quando o presidente Macron celebrou, numa entrevista concedida à *Nouvelle Revue Française*, em abril de 2018, "*o maravilhoso Giraudoux, que hoje mais*

---

[50] A expressão francesa "*en même temps*" (ao mesmo tempo) se tornou uma marca registrada de Macron na campanha presidencial de 2017 (tendo virado inclusive verbete na Wikipedia) e, para muitos, seria representativa de seu posicionamento político, que quer passar a impressão de que sínteses sempre são possíveis e que se recusa a reconhecer os conflitos. (N.T.)

ninguém lê", ele disse muito, sem saber, sobre o mal que atinge nossas elites e enfraquece sua presidência: a total ausência de senso trágico.

Giraudoux conseguiu a façanha de reduzir as epopeias e as tragédias fundadoras de nossa civilização a dramas burgueses. Ele escreve *A guerra de Troia não acontecerá* e *Electra* nos anos 1930, no período de plena ascensão do fascismo e num momento em que a França se pergunta como reagir às ameaças hitleristas. A primeira peça exalta o pacifismo e retrata a guerra como uma "bobagem" produzida pela busca do absoluto por imbecis ou vigaristas que transformam um problema benigno em cataclismo mundial. A segunda apresenta Electra como uma fanática incapaz de qualquer compromisso e tem como alvo, através dela, todos os belicistas que querem resistir militarmente ao perigo fascista. *No fundo*, basta conversar para que os "mal-entendidos" com a Alemanha nazista sejam resolvidos. Giraudoux é a literatura dos "móveis" e da "sabedoria" de que fala Gary. Quando a realidade se torna trágica, os "móveis" cômicos são uma prisão mental, e a "sabedoria" burguesa, um veneno que cega e paralisa.[51]

---

[51] No filme *Melinda e Melinda*, Woody Allen conta a vida de uma mesma mulher, alternadamente como uma tragédia e como uma comédia. Ele mostra que tudo depende do ponto de vista que adotamos sobre as coisas e da distância em que nos colocamos dos acontecimentos. Quanto mais um problema é mantido à parte, menos grave ele parece. Emmanuel Macron, e quase todos os dirigentes franceses ou do Oeste europeu, colocaram o perigo representado por Putin à distância. Até ele nos saltar aos olhos.

Em 2019, um irenismo[52] desses não é exclusivo de Emmanuel Macron, ele o herdou e o compartilha com a esmagadora maioria das elites francesas. Ele tampouco é exclusivo da França. Todos os países da Europa Ocidental alimentaram ilusões semelhantes, às vezes com um pouco menos de ênfase. A negação é um poderoso mecanismo de autodefesa. Ela desrealiza a realidade em nome do "realismo" e nos permite beber um chá tranquilamente na sala de estar enquanto o fogo invade o quarto. Ela funciona até que a fuga se torne impossível. Até a catástrofe.

Um difícil despertar

No dia 24 de fevereiro de 2022, pouco depois das 4 horas da manhã, os primeiros mísseis russos atingem Kiev. É o início de uma guerra total, como a Europa não via desde a Segunda Guerra Mundial. O impacto sacode todo o continente. De Tallinn a Lisboa, de Varsóvia a Paris, os europeus são invadidos pelo mesmo temor. O rosto, o olhar e a voz de alguns líderes políticos mudam. A mutação de Ursula von der Leyen, presidente da Comissão Europeia, é particularmente espantosa. Quando ela fala no Parlamento, vários deputados percebem que ela já não é a mesma pessoa. Cada uma de suas palavras e cada um de seus gestos se tornam imbuídos de uma gravidade inaudita.

Vivemos um momento de virada, e os mais otimistas pensam estar assistindo ao nascimento de uma nação

---

[52] Irenismo: abordagem pacifista e conciliatória na resolução de conflitos. (N.T.)

europeia. As primeiras reações são fortes. Sanções significativas são anunciadas nas horas seguintes à invasão. Nas tribunas do Parlamento, todos parecem avaliar o caráter histórico daqueles dias sem fim do inverno de 2022. A indolência tem sua página virada, e os vídeos do presidente ucraniano Volodymyr Zelensky parecem parar o tempo, os códigos, as palavras do novo espaço-tempo em que Vladimir Putin nos projetara tão brutalmente. Todos afirmam que tudo mudou na Europa e que nunca mais voltaremos a cair no *business as usual*.

A gravidade compartilhada e a sensação coletiva de urgência predominam por algumas semanas. Rapidamente, porém, certo afrouxamento se faz sentir. A Cúpula de Versalhes, de 10 a 11 de março, é o primeiro sinal anunciador de uma possível recaída: uma reorientação fundamental de nossa política energética é anunciada a médio prazo, mas discussões mesquinhas impedem que sejam adotadas medidas imediatas radicais promovidas pela Comissão e pelo Parlamento em relação tanto a sanções contra a Rússia quanto a um apoio à Ucrânia. Os Estados-membros começam a negociar isenções em função de seus próprios interesses. Os alemães adiam o fim das importações de gás e de petróleo, o que leva os europeus a financiarem os seis primeiros meses da guerra russa na Ucrânia e a atenuar o impacto de suas sanções. Os belgas conseguem fazer com que o comércio de diamantes não seja tocado, os italianos defendem a indústria do luxo, os gregos, seus navios comerciais... Palavras grandiosas mais uma vez terminam em ações limitadas.

E há toda a encenação, o recado passado. Tetos dourados, flores em cima da mesa de negociações, sessões autocongratulatórias de dirigentes orgulhosos de si mesmos, que rompem com o tom e as atitudes graves que prevaleciam até então. A estética do encontro contrasta tanto com o cenário despojado e o tom espartano das intervenções de Zelensky que é difícil não se sentir pouco à vontade diante daquele espetáculo. O trágico se evapora, e a União Europeia se instala na indecisão, a meio-caminho entre o despertar proclamado e o sono persistente, a promessa de ruptura com a frouxidão passada e a tentação do conforto sempre muito presente. Como se pedíssemos um prazo suplementar antes de tomar as decisões que sabíamos precisar tomar.

O papel do político é tomar decisões e dar sentido. Os dirigentes europeus, porém, hesitam. Eles hesitam a respeito das sanções a impor e das armas a fornecer. Devemos fornecer a artilharia, a defesa antiaérea, os tanques e os aviões solicitados pela Ucrânia? Putin é um interlocutor com o qual podemos passar horas ao telefone enquanto suas tropas arrasam Mariupol ou é o inimigo irredutível de nossas democracias? Qual o objetivo da União Europeia: impedir o colapso da Ucrânia ou ajudá-la a vencer militarmente o invasor? Estabelecidos os limites de nosso envolvimento direto – nenhuma tropa no *front* –, ninguém diz claramente nesses primeiros meses de guerra até que ponto devemos ajudar a resistência ucraniana, como e por quê. Ou melhor: as declarações a esse respeito variam em função das capitais e dos momentos. Nossas tergiversações sempre vêm de nossa hesitação diante de uma pergunta bem simples: essa guerra também é nossa?

A resposta em francês ou alemão não é a mesma que em finlandês ou estoniano. Emmanuel Macron e

Olaf Scholz não usam as mesmas palavras ditas com naturalidade por Sanna Marin e Kaja Kallas, duas jovens primeiras-ministras na vanguarda da resistência europeia a Putin.[53] A "dupla" franco-alemã, que deveria ser a locomotiva da União, parece a reboque dos acontecimentos. Suas hesitações levam a uma estratégia europeia "progressiva" – em inglês: *incremental* –, que consiste em aumentar etapa a etapa as sanções contra a Rússia e a ajuda à Ucrânia. Essa estratégia – *incrementalism* ou progressismo – é o pecado original da resposta europeia à guerra de Putin. Ela nos impede de inverter a relação de forças em campo e de privar de oxigênio a máquina de guerra russa. Semanas de debates são gastas para se decidir entregar armas pesadas, meses para aceitar fornecer os sistemas de defesa antiaérea solicitados desde o primeiro dia e mais vários meses para se consentir com o envio dos tanques pedidos... A cada etapa, Volodymyr Zelensky se encontra numa posição de suplicante, como se servíssemos a seus interesses e não aos nossos ao fornecer à Ucrânia meios para resistir ao exército russo. Essa lógica de conta-gotas diminui o impacto de nossa ajuda. Ela mais prolonga o conflito do que o abrevia. Ela permite que a Ucrânia não desmorone, mas não lhe permite ganhar. Ela é o resultado direto de nossa incapacidade de afirmar juntos, enquanto europeus, que essa guerra também é nossa.

---

[53] Note-se que, de Sanna Marin a Kaja Kallas ou Ursula von der Leyen, as mulheres são as que melhor representam a Europa em tempos de guerra ao longo de todo o ano 2022.

"O que é bem concebido enuncia-se claramente", escreveu Boileau: sem uma visão clara, as palavras dos dirigentes franceses e alemães são nebulosas demais para manter a mobilização de nossas cidades. Para cultivar a solidariedade instintiva dos cidadãos e lhe conferir uma perspectiva histórica, deveríamos explicar de que modo também somos um alvo da Rússia de Putin e como podemos, juntos, enfrentar a guerra de maneira justa e serena. Isso não é feito. O presidente Macron não se opõe às sanções e eventualmente fornece armas particularmente eficazes, como os canhões César, mas não assume a liderança do esforço europeu de resistência ao Kremlin. Embora multiplicasse as falas apaixonadas sobre a "guerra" a ser travada contra o vírus durante a pandemia, ele parece subitamente menos loquaz a respeito do retorno da (verdadeira) guerra em nossas vidas. Seus posicionamentos parecem paradoxais: é preciso apoiar Kiev e *ao mesmo tempo* não "humilhar" Moscou, equipar o exército ucraniano e *ao mesmo tempo* oferecer "garantias de segurança" ao invasor russo... Tais contradições podem ser apresentadas em Paris como uma busca de "equilíbrio", mas não deixam de ser percebidas como contradições em Kiev, Helsinki, Varsóvia e mesmo em Bruxelas.

Essa foi uma oportunidade perdida pela França. Num momento em que todas as cartas estavam sendo embaralhadas e que a credibilidade da Alemanha saía enfraquecida de vinte longos anos de acordos com a Rússia, nossa nação poderia ter se afirmado como a locomotiva da União Europeia, unindo os países do Leste e do Norte à sua causa. Ela não tinha escolhido o gás russo como sua fonte de suprimento de energia, havia conservado uma indústria de defesa e um exército poderosos e detinha, além disso, a presidência rotativa do Conselho Europeu. Faltava-lhe apenas uma visão estratégica clara a ser apresentada a nossos parceiros. Emmanuel Macron não arquitetou nem personificou essa visão. Isso é ainda mais impressionante porque ele tinha interesse, na França, inclusive, de brandir o mais alto possível o estandarte do apoio à resistência ucraniana. A esquerda estava engessada em suas contradições sobre a guerra, a extrema-direita não conseguia se libertar de sua putinofilia congênita, e a opinião pública francesa era amplamente favorável tanto aos envios de armas quanto às sanções: o papel do primeiro apoio à Ucrânia teria sido politicamente benéfico. Ele não o endossou.

Macron não entendeu ou não quis entender que "a autonomia estratégica europeia" sobre a qual ele discursa reiteradamente desde os primeiros dias de sua presidência se decidia ali, no fato de assumir a liderança em matéria de segurança e defesa perante Vladimir Putin. Ele não entendeu ou fingiu não entender que o retorno da autoridade política ao posto de comando de nossas nações estava em jogo nessa guerra – muito mais do que em seus gestos jupiterianos[54] ou em suas reflexões sobre a figura do rei e o vazio deixado na França pela execução de Luís XVI, cujo fantasma decapitado assombraria nossas consciências.

---

[54] Emmanuel Macron dizia querer governar como Júpiter, ser um "presidente jupiteriano": fazendo apenas raros pronunciamentos, das alturas, como o deus dos deuses romanos. (N.T.)

Ele não se livra de seus antigos "móveis" nos meses que se seguiram à invasão russa e não renuncia à sua velha "sabedoria". Ele parece começar a fazê-lo no início de 2023, ao finalmente admitir que o objetivo estratégico da Europa precisa ser a vitória da Ucrânia e a derrota de Putin. Mas essa mudança permanece frágil e incerta.[55]

Emmanuel Macron com certeza não se tornou nem Churchill nem De Gaulle em 24 de fevereiro de 2022, mas é preciso admitir que os outros dirigentes políticos franceses não se saíram melhor do que ele e com frequência se saíram pior. A começar por minha própria família política. Incomodada com as divisões que a fragmentam a respeito da geopolítica, da Europa e da Rússia, a esquerda francesa se manteve inaudível sobre a guerra na Ucrânia. Essas contradições não podem ser varridas para debaixo do tapete por mais tempo. Elas são profundas e vêm de longe. Precisamos ter a coragem de expô-las, enfrentá-las e resolvê-las para nos alçarmos à altura do momento histórico que atravessamos.

---

[55] Ao receber o presidente Zelensky em Paris, em 8 de fevereiro de 2023, Emmanuel Macron claramente anunciou que seu objetivo estratégico era a vitória da Ucrânia e que apoiaria a resistência até a chegada desta. Sua declaração levará a uma política mais firme? Será seguida pelo envio de aviões e mísseis à resistência ucraniana? No momento em que escrevo estas linhas, ninguém sabe dizer. Eu seria o primeiro a aplaudir, em todo caso, se meu país ocupasse o lugar que lhe é devido desde 24 de fevereiro de 2022: a liderança da resistência europeia à agressão russa. A última manifestação presidencial, de 17 de fevereiro de 2023, conclamando a não "esmagar a Rússia", infelizmente leva a duvidar dessa postura.

Impermeável ao combate antitotalitário, guiada por sua obsessão antinorte-americana e cética em relação ao projeto europeu, parte da esquerda francesa reduz as revoluções democráticas ucranianas ou georgianas a complôs da CIA ou a "*putschs*".[56] Milhões de cidadãos saem às ruas, arriscando suas vidas, para se manifestar contra a corrupção e a opressão ou para se unir às demais democracias europeias. Essa esquerda os chama de joguetes do imperialismo norte-americano ou os transforma em neonazistas. A voz dos ucranianos e dos georgianos não conta a seus olhos. Tampouco a voz de milhões de sírios que se manifestam em praça pública contra a tirania de Bashar al-Assad e são massacrados pela simples razão de quererem viver livres. Para não deslocar seus velhos móveis, essa esquerda pretensamente "anti-imperialista" disseminou metodicamente a propaganda do Império, que tentava, por todos os meios à disposição, reprimir as insurreições populares.

Ela se afirma "contra a guerra", mas não a vi nas manifestações esparsas que denunciavam a aniquilação dos chechenos nem nas marchas de solidariedade a Alepo reduzida a cinzas. Por outro lado, vi Jean-Luc Mélenchon, seu líder "pacifista", proclamar na televisão, em fevereiro de 2016, que Putin "resolveria o problema"[57] na Síria, enquanto os aviões russos arrasavam as cidades rebeldes.

---

[56] Jean-Luc Mélenchon, em seu blog pessoal, em 25 de fevereiro de 2014: "Ucrânia. Dessa vez é um *putsch*!". Depois, questionado em março de 2014 obre a situação da Crimeia: "Os russos estão tomando medidas de proteção contra um poder putschista aventureiro".

[57] No programa "On n'est pas couché" de 20 de fevereiro de 2016.

A escritora sírio-britânica Leila Al-Shami observa a respeito da esquerda inglesa de Jeremy Corbin que esta protesta com veemência contra a (muito tímida) réplica ocidental aos massacres químicos de Assad muito mais do que contra os inúmeros crimes de seu regime: "Nenhuma indignação quando barris de explosivos, bombas químicas e napalm são lançados sobre comunidades auto-organizadas democraticamente, hospitais e socorristas. Os civis são mortais, não as infraestruturas militares de um regime fascista genocida. Na verdade, o slogan 'Tirem as mãos da Síria' (*Hands off Syria*) significa 'Tirem as mãos de Assad' e costuma ser acompanhado por um apoio à intervenção militar russa".[58] O mesmo acontece na França com Jean-Luc Mélenchon e seus amigos. A palavra dos "diretamente envolvidos" não tem valor algum quando eles são sírios, chechenos ou ucranianos e morrem sob as bombas de Putin.

Na seção livre de um jornal, no início de 2022, os dirigentes do partido progressista polonês Razem ("Juntos") exortam seus camaradas do Oeste Europeu a sair de seu egocentrismo e de suas obsessões narcísicas. A carta começa da seguinte maneira: "Cara esquerda ocidental, não lhe pedimos para amar a OTAN, mas a Rússia não é a parte ameaçada aqui". Eles só pedem para ser ouvidos: o imperialismo que ameaça sua democracia, massacra suas fronteiras e patrocina as extremas-direitas europeias é a Rússia de Putin, não a América de Biden. E, se quisermos construir uma alternativa à OTAN, primeiro precisamos

---

[58] "The 'anti-imperialism' of idiots", *Leila's blog*, 14 de abril de 2018.

concordar sobre a defesa da Europa perante o fascismo que bate às nossas portas. Esse apelo já fora lançado pela Síria, pela Ucrânia, pela Geórgia e por outros países. Sempre em vão. Por quê? Porque o inimigo (a Rússia) de nosso inimigo fundamental (os Estados Unidos) não poderia ser nosso inimigo fundamental: é assim que raciocina essa esquerda insensível à luta dos ucranianos e dos sírios.[59]

Não concordamos sobre a principal ameaça que pesa sobre a segurança europeia nem sobre as maneiras de proteger nossas cidades. O partido La France Insoumise defende a saída da França da OTAN, ao mesmo tempo em que se opõe à Europa da Defesa: como proteger nossas democracias se abandonarmos a OTAN sem antes fornecer à União Europeia os meios de garantir sua própria segurança? Para compensar uma eventual saída norte-americana da arquitetura de segurança continental, as nações europeias precisariam gastar coletivamente, por ano e por várias décadas, centenas de bilhões de dólares a mais do que já foram anunciados como aumento dos orçamentos militares (entre 280 e 350 bilhões por ano, dependendo dos cenários[60]). Estamos prontos para assumir esse gasto de não cooperação transatlântica? Então é preciso dizer, depois explicar, como pretendemos fazer isso. E, se não estivermos prontos para tanto, anunciaremos aos cidadãos

---

[59] O mesmo raciocínio se aplica à China. Ele leva o partido La France Insoumise [A França Insubmissa] a não votar a resolução que condena o genocídio dos uigures na Assembleia Nacional.

[60] IISS Report. *Defending Europe: scenario-based capability requirements for NATO's European members*, 10 de maio de 2019.

europeus que decidimos deixá-los sem proteção? A defesa não é uma questão menor ou uma matéria opcional que podemos dispensar na hora de estudar para o vestibular. O que temos a dizer sobre ela? Que doutrina defendemos a respeito da política de dissuasão nuclear francesa? O que propomos como garantia de segurança a nossos parceiros bálticos, poloneses e finlandeses? Devemos dizer sim ou não ao rearmamento massivo de nossas cidades? E devemos fazer isso conferindo à União Europeia meios de coordenar os esforços de nossas nações ou devemos recusar qualquer abordagem europeia para as estratégias de defesa de cada nação?

Essas perguntas não podem ser evitadas. O primeiro dever da autoridade política é proteger a cidade. Luto para que a União Europeia desenvolva capacidades autônomas de defesa, porque não posso aceitar o fato de depender do voto de eleitores em Michigan a cada quatro anos para saber se Vilnius, Riga e Berlim serão protegidas ou não. Os Estados Unidos são um aliado essencial no apoio à Ucrânia e na defesa da Europa diante de Putin, mas depender exclusivamente deles é uma espécie de loucura. Não controlamos a evolução do debate público norte-americano e não temos nenhuma maneira de prever as próximas eleições do outro lado do Atlântico: precisamos começar a crescer e passar da condição de crianças à de adultos. Isso pressupõe um investimento massivo na defesa: a esquerda como um todo concorda com isso? Obviamente que não, a julgar por certas reações indignadas ao aumento do orçamento do exército anunciado por Emmanuel Macron. Nesse ponto, estamos diametralmente opostos. É chegado o momento de decidirmos sobre o essencial: questões de segurança, guerra e paz.

Já não temos escapatória. Em fevereiro de 2023, quando Jean-Luc Mélenchon responde a um jornalista, que lhe pergunta sobre os pedidos de armas do presidente Zelensky, que a França não é "uma loja de suprimentos",[61] ele rejeita com desdém o apoio militar à resistência ucraniana, que é não apenas um imperativo de solidariedade a uma nação em luta por sua liberdade, mas também essencial para nossa própria segurança. Sob o digno manto do "pacifismo" se esconde a aceitação da vitória do tirano, e, diante da guerra que sacode a Europa, o "não alinhamento", isto é, a recusa de designar o fascismo putiniano como principal inimigo, consiste em deixar o caminho livre a um regime que faz da desestabilização de nossas democracias sua razão de ser. No confronto em curso, a esquerda francesa (e europeia) precisa escolher seu lado.[62]

---

[61] No programa "Face à BFM" de 9 de fevereiro de 2023.

[62] Escolhi o meu há muito tempo: o lado dos chechenos e dos sírios massacrados, o lado dos resistentes ucranianos, o lado das democracias europeias que enfrentam um inimigo irredutível que nunca, ao longo de toda minha vida adulta, deixei de combater.

TERCEIRO ATO

A RESISTÊNCIA

ESTA É A HISTÓRIA DE OLEKSEI, jovem agricultor da aldeia de Shyroka Balka, no sudeste da Ucrânia. Depois da ocupação de sua região pelas tropas russas, ele funda um grupo de combatentes e trabalha por trás das linhas inimigas para a libertação de sua terra.

Esta é a história de Lesia, vendedora de uma loja de perfumes na capital. Ela se engaja nos primeiros dias da invasão, liberta Borodyanka na primavera, fere-se perto de Mykolaiv dois meses depois, é tratada em Kiev e se prepara para voltar ao Leste quando cruzo com ela em agosto: "Antes da guerra, eu nunca me imaginaria segurando um fuzil, mas hoje não me vejo em nenhum outro lugar que não no *front*".

Esta é a história de soldados e camponeses, de músicos e mecânicos, de estudantes e professores, de artistas gráficos e operários, de enfermeiras e empreendedoras, de atletas e cantores, a história de uma resistência civil e militar que surpreende o mundo. Esta é a história, através da Ucrânia e para além de suas fronteiras, de democracias que de repente entendem que nada jamais está garantido e que será preciso lutar para continuar vivo. Esta é a história, que ainda precisa ser amplamente escrita, de um grande despertar europeu...

A coragem ucraniana

Os serviços de inteligência russos, norte-americanos, franceses e alemães não costumam convergir em suas análises, mas no início de 2022 todos previam a queda rápida de Kiev em caso de invasão massiva. O que teria acontecido se eles tivessem acertado, se Volodymyr Zelensky tivesse aceitado a evacuação proposta por Joe Biden e não tivesse respondido "Não preciso de um táxi, preciso de munições"? O que teria ocorrido se o Estado ucraniano tivesse caído e se Putin tivesse ganhado sua aposta criminosa?

Já vi esse filme tantas vezes que posso contar o que aconteceria sem correr o risco de me enganar: diante da entrada das tropas russas na capital, os líderes europeus multiplicam as condenações inflamadas e anunciam com ênfase sanções "espetaculares" que se revelam, no fim das contas, comedidas quando analisadas a frio. Manifestações em massa acontecem em Varsóvia e Vilnius, um pouco menos significativas em Paris e Roma. Reuniões solenes são organizadas em todos os fóruns internacionais. Depois, ao fim de algumas semanas ou alguns meses, os ministros e editorialistas mais "realistas" começam a dizer que é preciso "levar as realidades em conta", que nada nunca é "totalmente branco" ou "totalmente preto" na vida, que os ucranianos estão "mais divididos do que se pensa", que não podemos esquecer que alguns deles falam russo, que os ocidentais tinham "prometido" a Gorbachev não ampliar a OTAN e que a Crimeia fora dada à Ucrânia por Kruschev numa noite de bebedeira... Pensando cada vez mais no "gás-que-esquenta-no-inverno" e cada vez menos no "direito-internacional-que-não-frita-o-bife", conscientes de que as sanções instauradas têm um custo e que não subjugariam um Kremlin vitorioso pelas armas, preocupadas com problemas internos e com outras tensões internacionais, as democracias europeias escolhem progressivamente ter "paz". Até a próxima guerra, cada vez mais próxima. Vilnius e Riga sabem que estão na linha de frente. Fortalecidos por seu sucesso e encorajados pela fraqueza de nossas reações, os dirigentes russos já preparam a próxima etapa.

Mas as coisas não aconteceram assim. Porque uma nação decidiu resistir. Tudo começa por causa disso, desse detalhe que os estrategistas minimizaram em seus cálculos avançados: a coragem de um povo. Sim, a Ucrânia reabilitou a ideia de coragem na Europa. Não a coragem como qualidade individual (sempre houve pessoas corajosas, mesmo nas sociedades mais adormecidas), mas a coragem como virtude coletiva, a coragem como fato político. Do presidente Zelensky a Oleksei e Lesia, todos os ucranianos se depararam com uma escolha vital no dia 24 de fevereiro de 2022. O fato de tantos deles terem feito ao mesmo tempo a mesma escolha – resistir – transformou a coragem pessoal, assim repetida ao infinito, em acontecimento social e geopolítico fundamental.

Antítese da covardia e da submissão, da abstenção e da corrupção, a coragem tampouco é temeridade ou virilidade. Ela não é medida pelo volume dos decibéis emitidos ou pela violência das palavras pronunciadas. Ela se opõe à *hybris*, a desmesura que os antigos gregos tanto temiam. Enquanto a *hybris* do guerreiro que não reconhece nenhum limite à sua violência abala as bases da cidade, a coragem do cidadão disposto ao sacrifício final é seu mais sólido pedestal. Ela se diferencia tanto da covardia do colaborador quanto da arrogância do conquistador ou do fanatismo do terrorista. Ela não se manifesta inflando o peito, mas mantendo a retidão diante da tempestade. O resistente faz a guerra não porque a ama ou a deseja (como o fanático ou o conquistador), mas porque ela cai em seu colo e porque a única alternativa à luta seria desistir de existir.

Em seu discurso por vídeo ao Parlamento Britânico, em 8 de março de 2022, Volodymyr Zelensky, o ex-comediante que se tornara presidente por acaso e líder de guerra a contragosto, cita a mais célebre máxima do repertório trágico europeu: "A pergunta com que nos deparamos é simples: 'Ser ou não ser?'. A velha pergunta shakespeariana. Por treze dias, essa pergunta se colocou, mas agora posso dar a vocês uma resposta firme. Definitivamente, *ser*". A grande pergunta de Hamlet encontra em Kiev uma resposta simples. A afirmação dos ucranianos – *ser* – diante da negação de sua existência pelos russos nos lembra que a democracia não é necessariamente hesitante, que o direito não é necessariamente mais fraco que a força. A frustração dos planos de Putin pela resistência comandada por Zelensky é uma vitória da ideologia cívica sobre os *poniatia* mafiosos celebrados por Lavrov e sobre o "império do crime" retratado por Lang e Shalamov.

Fui várias vezes a Kiev depois do fatídico 24 de fevereiro de 2022 e a cada vez fiquei impressionado com a serenidade dos ucranianos presos no turbilhão da guerra. Os militares não brincam de Rambo, eles falam com voz calma e demonstram uma confiança desprovida de arrogância. Os civis oscilam entre um orgulho sem exagero e uma tristeza sem *páthos*. Há um estranho senso de comedimento no coração da catástrofe. Mesmo as críticas dirigidas à velha Europa, que hesita em enviar os tanques e aviões solicitados, são formuladas com uma espécie de compaixão pelo interlocutor francês ou alemão: "No fundo, provavelmente teríamos agido da mesma forma se estivéssemos no lugar de vocês, longe do sangue e dos mortos", confidencia-me um diplomata depois de compartilhar comigo sua frustração de se ver transformado em suplicante pela pusilanimidade europeia – como se quisesse apaziguar minha angústia.

Na Ucrânia, cada um parece em seu lugar, consciente de participar de algo superior à sua pessoa. Cada um faz "sua" parte e "sua" guerra. Meu amigo Giorgi, ex-comunicador que se tornou responsável por um orfanato, explica-me: "Agora todos sabemos por que existimos, para que servimos, o que fazemos nesse planeta. Acho que nos encontramos quando deixamos de nos pertencer". Antes em perpétua excitação, pulando de projeto em projeto, de paixão em paixão, ele me pareceu subitamente tranquilo. Observei-lhe essa mudança enquanto caminhávamos pelas ruas de Kiev no verão passado: "É verdade, é como se outra pessoa estivesse ocupando meu corpo. Na verdade, é como se todos tivéssemos nascido de novo em 24 de fevereiro". Esta é a outra história que quero contar. A história do antídoto ao lento veneno da decomposição e da abstenção. A história do retorno da virtude cívica e da coragem política. A história, em cada um de nós, do cidadão se sobrepondo ao indivíduo.

Faz um ano que repito e não vou parar de repetir: precisamos da Ucrânia tanto quanto ela precisa de nós. Não apenas como linha de defesa vital para a segurança coletiva de nosso continente. Não apenas porque ela bloqueia o avanço de um inimigo que tem nossas democracias na linha de tiro há anos. Não apenas porque, ao lutar por sua liberdade, ela também luta pela nossa. Precisamos da Ucrânia por algo mais imaterial. Precisamos da Ucrânia porque ela está cheia da energia vital que nos falta. Porque ela demonstra a cada dia, pela democracia e pelo projeto europeu, um entusiasmo muito raro em nossas nações, que os consideram garantidos. Precisamos da Ucrânia para reaprender a dizer e amar o que somos. Para voltar a acreditar em nós mesmos.

Obviamente, não se trata aqui de uma questão de natureza, mas de situação histórica. A Ucrânia não é "melhor" do que a França ou a Alemanha. Ela há pouco tempo ainda era um dos países mais corruptos do mundo. Tudo podia ser comprado e vendido, a começar pela classe política. Lembro-me de visitar o delirante palácio do antigo presidente pró-russo Viktor Yanukovich depois de sua queda, em fevereiro de 2014, lembro-me de seu zoológico privado, de suas velhas Mercedes pertencentes a ex-dignitários nazistas, expostas ao lado de um Batmóvel, e de uma coleção de carros de luxo, de seus banheiros com ouro e mármore... Lembro-me também de sua antítese, um jovem revolucionário dos Cárpatos que nos recebera e guiara, com as chaves do palácio na cintura e um sorriso nos lábios: "Essas pessoas pensavam que eram deuses. Elas nunca nos perdoarão por terem voltado a ser humanas. Mas, se a morte me alcançar antes da hora, ao menos terei visto sua queda...". Não sei o que aconteceu com nosso anfitrião, mas sei que na Ucrânia a vida ameaçada produziu anticorpos potentes ao vírus que a corrói. E que todos precisamos desses anticorpos.

Ainda que a ilusão de paz eterna leve cada ator social a se acreditar autossuficiente e a perceber a mínima invasão do poder público a seu espaço privado como uma violação insuportável de seus direitos, levando progressivamente ao desmembramento do corpo social, à recusa do consentimento à tributação e à rejeição das normas comuns, a perspectiva do colapso coletivo pode levar cada parte a compreender que precisa do Todo para sobreviver. É por isso que em Atenas a figura do hoplita, o soldado-cidadão, era indissociável da democracia. Através dela, o cidadão lembrava ao homem que podia lhe exigir o sacrifício final em nome da sobrevivência da cidade. Ela personificava a supremacia do interesse geral sobre o interesse particular. Na Ucrânia, os indivíduos viram a morte da nação se delinear e sua própria morte espelhada nela. Eles se tornaram os hoplitas do século XXI.

É porque a democracia parece eterna que tantas pessoas a desprezam. Os móveis da sala de jantar parecem mais preciosos do que as fundações do imóvel aos olhos daqueles que não imaginam por um segundo sequer que elas possam ruir. Mas, quando as paredes da casa comum tremem, o apego ao sofá da sala se torna mais relativo. O poeta alemão Friedrich Hölderlin escreveu um verso que me segue desde a adolescência: "Onde mora o perigo cresce também a salvação". Partindo das palavras do poeta, o filósofo Heidegger continua: sem "estar na mira da morte" não há existência "autêntica", isto é, existência consciente de si mesma e realmente livre. O indivíduo e o povo que vivem sem se confrontar à sua finitude radical caem naturalmente no conformismo. Prisioneiros das correntes do mimetismo, eles levam uma vida de autômatos. Um corpo político que se acredita perpétuo perde o senso de urgência, afunda na eterna reprodução do mesmo e acaba não tendo consciência clara de sua própria identidade. Drogado pelo conforto de uma vida que elimina a possibilidade da morte, ele esquece por que existe e o que o amalgama. O antídoto para a corrupção e para a desagregação nasce de se levar em conta a ameaça externa e interna que pesa sobre a cidade. É a perspectiva do colapso que conduz ao despertar.

Made in Taiwan

Não é preciso ser invadido, bombardeado e massacrado como os ucranianos para entender que nossas democracias são mortais, basta considerar *ativamente* suas quedas. Não como uma simples hipótese que colocamos à distância, dizendo que existem outras e que com sorte sairemos ilesos das crises pelas quais passamos, sem mudar nada; nem como uma figura de linguagem utilizada em discursos pomposos sobre "o retorno do trágico na História", mas como o que *necessariamente* acontecerá se deixarmos as coisas seguirem seu curso. A antecipação da morte não é uma estética, mas uma experiência filosófica e política fundamental. É a consciência de sua finitude radical que torna a cidade radicalmente viva. Para entender isso, vamos nos transportar por um instante a Taiwan, ilha rebelde que conseguiu construir uma democracia vibrante à sombra da ameaça existencial que faz pesar sobre ela de maneira constante o regime comunista chinês.

Presidi, em novembro de 2021, a primeira delegação oficial do Parlamento Europeu a Taiwan. Por medo de melindrar Pequim, a instituição até então nunca ousara um movimento nesse sentido. Partindo do princípio de que nem sempre somos melhores que todo mundo, nossa Comissão Especial decidiu estudar a maneira como outras democracias lutam contra as interferências dos regimes autoritários. E que sociedade aberta sofrera mais ataques híbridos do que Taiwan? Manobras militares, ciberataques, campanhas de manipulação de informação e tentativas de corrupção por parte de Pequim são constantes. Nós queríamos observar a maneira como os taiwaneses organizavam sua resistência e ver se algumas de suas receitas podiam ser transpostas para o nosso caso.

Admirei as proezas das equipes da ex-*hacker* Audrey Tang, ministra encarregada da democracia digital e da luta contra a desinformação. Tomei nota do trabalho legislativo do Parlamento e da organização dos serviços de segurança. Observei a cooperação entre o governo, os *think tanks* e os cidadãos... Mas o que mais me impressionou não pode ser codificado nem transposto: o estado de espírito. E em particular o estado de espírito dos funcionários. Nossas velhas democracias seriam incapazes de aplicar os princípios da força-tarefa de Audrey Tang. Ao ouvi-la falar do imperativo de velocidade (uma reação dentro das duas horas que se seguem à detecção de uma manipulação de informação nas redes sociais) ou do papel do humor para romper a corrente de transmissão de desinformação (ridicularizando as *fake news*, principalmente por meio da produção de memes engraçados), eu sorria ao imaginar o que esses preceitos causariam em nossos queridos burocratas. Os métodos eficazes em Taipei seriam um fiasco em Paris ou Bruxelas. As regras não são grande coisa sem o *éthos* (a maneira de ser) que as subentende.

Como reproduzir na França, por exemplo, as sequências de democracia participativa que funcionam tão bem em Taiwan? Milhões de cidadãos taiwaneses participam da caixa de sugestões sobre a reforma da função pública. O objetivo é vivificar o debate cívico, difundir o sentimento de ser coproprietário da administração pública, encontrar boas ideias de mudança e promover os funcionários mais inovadores. Audrey Tang explica o processo: "Nós identificamos os autores das propostas originais e os fazemos subir na hierarquia. Isso os livra de superiores burocráticos que teriam gradualmente apagado sua imaginação numa administração clássica. Funciona bastante bem, é verdade. Mas não temos muito mérito nisso: simplesmente não podemos nos dar ao luxo de ser uma democracia burocrática. A ameaça constante do Partido Comunista Chinês impede nosso entorpecimento e nossa acomodação". A consciência compartilhada do perigo coloca a cidade em movimento.

A ministra taiwanesa redescobre a antiga lição de Ésquilo e dos trágicos gregos. Na trilogia *Oréstia*, que narra o nascimento de Atenas, tudo começa pelo caos e pela violência. O rei dos reis, Agamêmnon, sacrifica a própria filha Ifigênia para obter dos deuses os ventos que permitam aos gregos partir à conquista de Troia. Sua mulher, Clitemnestra, não o perdoa pelo crime e, ao retorno dos vencedores, dez anos depois, assassina-o. Indignada, sua filha Electra incita o indeciso irmão Orestes a vingar o pai matando a mãe. As divindades protetoras da rainha morta exigem vingança pelo matricídio. As deusas da noite, as Erínias, começam a perseguir Orestes. Temendo que aquilo não acabe nunca, Atena convoca um tribunal encarregado de decidir se Orestes deve pagar por seu crime. Os jurados se dividem em duas partes iguais, e Atena decide: ela declara Orestes culpado, mas anuncia na mesma hora que ele será perdoado para romper o ciclo de vinganças, que uma nova cidade surgirá no próprio lugar do julgamento (Atenas) e que esta erigirá em seu centro um templo dedicado às Erínias, promovidas a protetoras da cidade e agora chamadas de Eumênides. Aqui reside a genialidade de Ésquilo e dos atenienses: as Erínias não são expulsas como refugo de uma época passada, e o caos da origem não é dispensado pela nova ordem política.

A ameaça existencial não é negada, ela é santificada. As Eumênides velam pela cidade, proibindo-lhe a ilusão da eternidade e impedindo que os cidadãos cedam à tentação do conforto. Elas mantêm Atenas sob pressão e estão, assim, na fonte de seu poder.

As democracias europeias dispensaram as Eumênides depois da queda do muro de Berlim. Elas esqueceram as tragédias gregas e negaram sua finitude, geográfica e temporal. Taiwan não pode se dar a esse luxo, e essa impossibilidade confere a sua democracia uma vitalidade especial. O serviço público atrai os jovens mais dinâmicos, que na Europa teriam fundado uma *startup* ou criado uma ONG. "Quando o Estado é atacado todos os dias, negado em sua existência por um vizinho tão poderoso e ameaçador, servi-lo se torna a aventura mais excitante que existe", confidencia-me uma alta funcionária de 30 anos do Ministério de Relações Exteriores. Quando entramos numa repartição pública taiwanesa, é comum termos a impressão de estar entrando numa incubadora ou num centro acadêmico estudantil. A cidade em perigo não tem o direito de envelhecer. Os móveis se tornam o inimigo, a burocratização é proscrita e a estagnação é banida.[63]

---

[63] Em seus magníficos *Discursos sobre a primeira década de Tito Lívio*, Maquiavel vê nesse movimento permanente a fonte do poder e a razão da grandeza da república romana. As instituições republicanas são duradouras justamente porque não fixam nada e abraçam as agitações constantes do corpo social. Um sistema político que conduz à inércia é como madeira morta, sem seiva, fácil de quebrar. A democracia que para de se mexer se corrompe e acaba morrendo.

Uma revolução mental

É inegável que a corrupção é facilitada pela deficiência de nossas legislações e pela falta de transparência de nossas instituições. É por isso que, logo depois do *Catargate*, insistimos para mudar as regras internas e as práticas do Parlamento, para tornar obrigatório o registro de transparência e estendê-lo a todos os deputados e a seus assistentes, para regular os conflitos de interesse dos depositários eleitos da vontade geral e a prática das "portas giratórias",[64] que transforma os deputados em lobistas e os lobistas em deputados, para criar uma Haute Autorité pour la Transparence de la Vie Publique [HATVP, Alta Autoridade da Transparência da Vida Púbica], capaz de investigar e sancionar os comportamentos criminosos dos representantes do povo. Mas, mesmo que fôssemos capazes de rapidamente instaurar todas essas medidas necessárias, isso não seria suficiente. Pois a corrupção não é apenas uma questão de normas e códigos, ela é acima de tudo um problema de estado de espírito, uma questão de virtude cívica[65] e de *éthos* político.

---

[64] A prática das "portas giratórias" se refere ao trânsito de indivíduos entre o setor público e o setor privado, em que ocupantes de cargos públicos deixam seus empregos para trabalhar em empresas privadas, e pessoas que trabalham no setor privado são contratadas para trabalhar em posições governamentais. (N.T.)

[65] Não estou falando aqui da virtude privada dos fanáticos religiosos – cada um faz o que quer de sua vida íntima –, mas da virtude pública que Maquiavel vê como a seiva da cidade: o devotamento ao interesse geral e a coragem de defendê-lo diante dos interesses particulares ou corporativos. Essa virtude não é moral, mas política.

Chegamos aqui ao limite com o qual precisei lidar ao longo de dois anos e meio de trabalho na comissão especial sobre a ingerência estrangeira: uma revolução mental não se decreta num relatório parlamentar. Votado em março de 2022, nosso relatório contém dezenas de recomendações precisas sobre medidas a tomar, investimentos a realizar, reorganizações administrativas a efetuar e mudanças de doutrina a operar. Mas nada disso funcionará se a vontade política não estiver presente, se os dirigentes não mudarem profundamente de atitude. O caso da Austrália é fascinante nesse aspecto. No papel, a legislação australiana é uma das mais avançadas do mundo na luta contra as ingerências estrangeiras, e, por isso, viajamos em missão até Camberra e Melbourne para pesquisar e aprender.

Diante das repetidas pressões e massivas intrusões do regime chinês, depois de anos de cegueira voluntária, a classe política australiana havia acordado. Uma lei sobre a transparência fora votada, envolvendo estritamente o *lobby*; depois uma segunda, especialmente interessante, que criminalizava a ingerência estrangeira e seus intermediários; uma terceira investigando os investimentos nos setores estratégicos... Instituições específicas foram criadas para acabar com os entraves que tornam nossas burocracias ineficazes diante das ameaças híbridas e para organizar a cooperação entre ministérios e agências que até então trabalhavam isoladamente. Os serviços de segurança aceitaram cooperar com as instituições civis e judiciárias. O ecossistema legislativo e institucional parece, portanto, perfeitamente estabelecido.

Mas a chamada abordagem "*country agnostic*", agnóstica em matéria de país, que consiste em erigir regras universais sem mirar no adversário que interfere *concretamente* nos negócios australianos, no caso, a China, para não criar tensões diplomáticas ou comerciais com Pequim, produz resultados surpreendentes. Os primeiros lobistas a se inscreverem nos registros públicos de agentes estrangeiros são os que trabalham para a Coroa Britânica, não os que estão a serviço do Partido Comunista Chinês. Mas a ameaça que paira sobre a segurança nacional australiana a princípio não vem de Londres, e o Ministério da Defesa de Camberra provavelmente não está pensando na Marinha Real Britânica ao prever, em suas anotações estratégicas, um conflito militar nos próximos dez anos. Ser "agnóstico" condena a tomar medidas universais, correndo o risco de errar o alvo verdadeiro e proscrever o inofensivo.

Sejamos realistas: as "aposentadorias douradas" pagas a nossos ex-dirigentes por entidades estrangeiras não representam um risco idêntico para nossa segurança coletiva vindas da Huawei ou de uma empresa canadense, da Gazprom ou de uma sociedade norueguesa. Incapazes de admitir claramente esse fato, nós nos vemos, enquanto legisladores, diante de dilemas de difícil resolução: devemos proibir qualquer tipo de reconversão de nossos governantes e de nossas autoridades eleitas para o setor privado? Isso não é desejável nem possível. Ninguém escolheria a política ou o serviço público se fizéssemos isso. Então, o que devemos propor? Um simples "período de esfriamento" ou de latência durante o qual nossos ex-dirigentes não pudessem fazer *lobby* junto às instituições públicas em nome de empresas privadas ou de um Estado estrangeiro? Seria um primeiro passo, mas amplamente insuficiente: Schröder só precisaria esperar alguns meses mais para poder ser pago pela Gazprom, o que não teria mudado absolutamente nada no curso das coisas.

Nossa recusa de nomear as ameaças e de estabelecer listas de entidades – empresas e fundações – problemáticas para nossa soberania nos leva a um impasse. "Uma lista dessas seria uma bomba!", repete-se em toda parte. Em toda parte, menos em alguns serviços de segurança interna, frustrados com a reticência da política em admitir as realidades que eles precisam gerenciar. A gigante chinesa Cosco comprando infraestruturas portuárias europeias uma após a outra não representa o mesmo risco que um investimento brasileiro num terminal de cereais. Por que fingir responder a uma ameaça universal se os perigos já foram claramente identificados por nossas agências? Porque temermos as repercussões políticas e comerciais. Nossa vontade de não ofender os regimes que interferem em nossas democracias corre o risco de levar as nações europeias a uma inflação legislativa tão perigosa em termos de liberdades quanto ineficaz em matéria de segurança.

Algumas sanções tomadas contra a Rússia depois da invasão da Ucrânia provam que podemos agir de outra forma: a proibição da emissora de televisão russa RT, instrumento da guerra híbrida do Kremlin contra nossas democracias há anos, não visa a todas as emissoras de televisão estruturalmente ligadas a Estados estrangeiros. Ela visa à RT como ameaça específica, pois a RT *é* uma ameaça específica. Da mesma forma, as renúncias em massa de dirigentes europeus dos conselhos de administração das grandes empresas russas depois de 24 de fevereiro de 2022 não decorrem de uma lei geral, mas de uma tomada de consciência política.[66] Um banco canadense é menos perigoso que o *Bank Rossiya*, caixa dois do clã putiniano: isso não é muito complicado de entender ou dizer. Então, por que esperamos a invasão total da Ucrânia para entender e dizer isso? Porque precisávamos de um cataclismo para ter coragem de dar nome aos fatos. Vamos esperar a invasão de Taiwan e uma guerra no mar da China para entender que ter um assento no conselho de administração da Huawei depois que se foi ministro da República representa um problema?

Recuperar a política

A revolução mental que precisamos operar consiste em restabelecer a política no posto de comando. Fazer o interesse geral se sobrepor aos interesses particulares, e as considerações de segurança, às questões comerciais,

---

[66] Confrontados à invasão russa da Ucrânia, os ex-dirigentes europeus contratados por empresas russas próximas ao Kremlin foram obrigados a abandonar seus cargos, mas nem sempre de bom grado. Gerhard Schröder por muito tempo se recusou a se retirar do conselho de administração da Rosneft. Ele só pediu demissão depois do anúncio de sanções do governo federal alemão (o fim de seus direitos adquiridos como ex-chanceler) em maio de 2022. Até hoje, porém, ele continua sendo o presidente do conselho de administração do Nord Stream 2. Para os outros dirigentes citados neste livro, voltar à nota da página 41.

não significa inventar um novo mundo, apenas recolocar as coisas no lugar... Eu gostaria de, a partir de meu ambiente de trabalho, convidá-lo para uma breve viagem aos meandros das comissões parlamentares europeias para tornar palpável essa inversão da ordem das coisas à qual nos acostumamos nas últimas décadas. Às vezes participo da Comissão dos Assuntos Externos (AFET) e da Comissão do Comércio Internacional (INTA). A primeira está encarregada de estabelecer as prioridades geopolíticas da União, a segunda, de elaborar suas políticas comerciais. Visto que nossa política comercial deve, a princípio, corresponder a nossas orientações geopolíticas, a Comissão do Comércio Internacional deveria seguir as recomendações da Comissão dos Assuntos Externos. Constato todos os dias a que ponto isso não acontece: ela determina sua própria agenda e toma suas decisões com total autonomia, como se o comércio escapasse à política, seguisse sua própria lógica e tivesse seus próprios objetivos.

As mensagens elaboradas por essas duas comissões às vezes são contraditórias. Tomemos o exemplo das posições do Partido Popular Europeu (partido da direita europeia) a respeito do acordo de investimento com a China. Os deputados conservadores da Comissão dos Assuntos Externos eram quase todos a favor de uma atitude mais firme em relação a Pequim, enquanto os deputados conservadores da Comissão do Comércio Internacional eram quase todos a favor de assinar o acordo com o regime chinês. Essa contradição decorre da separação do que nunca deveria ter sido separado. A autonomização do que a princípio é um meio (o comércio) a serviço de um fim (a política) tem consequências profundas. E não é difícil entender quem perde e quem ganha com essa "compartimentação" (*Kompartimentierung*) da política e do comércio de que falava Angela Merkel para justificar o Nord Stream 2: o fim (a política) sem meio é impotente, ao passo que o meio (o comércio) se sai muito bem sem o fim, pois ele se torna automaticamente seu próprio fim.

Não se trata de uma simples "compartimentação", mas de uma inversão das hierarquias. Se estivermos dispostos a de fato reformar nossa instituição e, mais globalmente, o funcionamento de nossas democracias representativas, precisaremos ir além da necessária modificação das regras de transparência ou dos códigos de conduta e incorporar na organização de nosso trabalho a primazia do interesse geral. A inversão da hierarquia entre o fim e o meio, o sentido e a técnica, o político e o econômico, revelada pela estrutura interna de nosso Parlamento, reproduz-se em tudo. A visão cômica do mundo que predomina desde a queda do Muro de Berlim e a proclamação do fim da História reduziram os problemas políticos a questões técnicas. Como já não há um grande conflito a ser resolvido, restam apenas os *bugs*. E, quando seu computador tem um *bug*, você recorre a um técnico, não a um filósofo. Aplique a mesma lógica à cidade e a matará aos poucos.

Tendo perdido a consciência de sua importância, a política permitiu que os atores que deviam servi-la se emancipassem. Ela deixou o serviço público determinar seu próprio rumo, o comércio seguir seus próprios objetivos e a economia se apresentar como seu próprio fim. Ao separar os horizontes da política (o legislativo só atua em escala nacional ou europeia) e da economia (uma multinacional atua mundialmente), a globalização logicamente levou à submissão da primeira à segunda. A política pôde escolher entre duas maneiras de aceitar seu rebaixamento: tornar-se uma estética, fingindo ser seu próprio fim, ou aceitar ser apenas um meio. Ou as duas coisas ao mesmo tempo. Foi assim que nossos sucessivos presidentes encenaram a própria autoridade enquanto na verdade se tornavam representantes comerciais de empresas como Total e Dassault. Foi por isso que os representantes dos interesses industriais e comerciais triunfaram, mediação após mediação, sobre os representantes dos serviços de segurança a respeito da Rússia e da China. Se a História acabou, se o trágico foi eliminado, então por que levar a sério as preocupações de segurança ou de soberania? Qual o peso dos alertas dos serviços de segurança diante dos sonoros e convincentes argumentos dos lobistas, se não temos mais inimigo?

Quando o chanceler Olaf Scholz foi a Pequim, em novembro de 2022, ele levou em seu avião os CEOs da Volkswagen, da BASF, da Siemens e do Deutsche Bank, em vez de peritos em geopolítica e segurança. Mesmo depois de 24 de fevereiro de 2022, que deveria ter mudado nossa relação com o mundo, sua mensagem foi clara: o comércio continua sendo a prioridade. A "compartimentação" é uma trapaça, e os grandes empresários não são "neutros" politicamente. A Volkswagen realiza cerca de 40% de suas vendas mundiais na China, e, segundo o *Financial Times*, cerca de 50% de seus lucros globais nesse país. O CEO da Volkswagen, portanto, tem um interesse vital em que Berlim e Bruxelas mantenham boas relações com Pequim. Ela fará de tudo para que o governo alemão e a Comissão Europeia não tomem posições duras demais em relação ao governo chinês, ativando suas poderosas redes na classe política para levar a ações conciliatórias. No Parlamento Europeu, o Partido Comunista Chinês não precisa de lobistas, nossas grandes empresas, dependentes do aparelho produtivo e do mercado chinês, trabalham por eles. Do ponto de vista da Volkswagen e da Siemens, isso é perfeitamente lógico. Do ponto de vista do interesse geral europeu, isso é uma heresia.

Os grandes grupos privados têm sua própria agenda política, e esta pode se chocar diretamente com a de nossas nações. Quando do desmembramento da Yukos pelo regime russo, por exemplo, o governo norte-americano soou o alarme, mas as empresas ocidentais correram até Moscou para dividir o cadáver. Inclusive as gigantes norte-americanas. Uma das razões da ofensiva do Kremlin contra Khodorkovski foi a aliança que ele se preparava para realizar com a Chevron e a Exxon. Quem se acotovela para devorar os restos da empresa quando Khodorkovski é preso? Chevron e Exxon, obviamente. Thomas Graham, diretor para a Rússia do Conselho de Segurança Nacional dos Estados Unidos à época, constata, com amargura: "O problema era que sempre que dizíamos aos russos que suas ações teriam um impacto desastroso sobre os investimentos na Rússia, uma sociedade ocidental se apresentava e fazia uma oferta de compra de um pedaço da Yukos".[67] Vladimir Putin pôde constatar, a cada vez que grandes grupos europeus e norte-americanos fizeram fila para participar de suas iniciativas, criticadas por nossos governos, o peso real das palavras dos dirigentes políticos ocidentais. Condenamos a anexação da Crimeia, anunciamos sanções, mas a BASF e a Total correm até o Kremlin com novas ideias de parceria. A velha frase de Lênin continua dando o tom: "Os capitalistas nos venderão a corda com a qual os enforcaremos". Quando a época se torna trágica, a política deve imperativamente retomar as rédeas da cidade das mãos dos empresários e dos financistas. Quando a guerra bate à porta, o realismo exige o controle dos interesses privados que entram em contradição com as orientações geopolíticas da cidade.

O exemplo da Total é eloquente. Ao contrário de suas concorrentes Shell e BP, a empresa dirigida por Patrick Pouyanné se recusa a deixar a Rússia logo depois da invasão da Ucrânia, continuando a receber ao longo de todo o ano os dividendos de sua participação (19,4%) na Novatek, empresa que fornece querosene à aeronáutica russa. Assim, a Total lucrou indiretamente em 2022 graças aos bombardeios das cidades ucranianas, aliás, vigorosamente condenados por nosso governo. O apego da empresa à Rússia tem uma explicação simples: no início de 2022, cerca de um terço de suas reservas de gás estão nesse país. E a posse de reservas abundantes determina amplamente o

---

[67] BELTON, *Les Hommes de Poutine*.

preço das ações das gigantes de energia. O valor acionário da Total e seus lucros dependem infinitamente mais de suas relações com Moscou do que dos desejos da opinião pública francesa ou das decisões do Parlamento Europeu. Aos olhos de Patrick Pouyanné, é normal querer permanecer na Rússia o máximo de tempo possível. Aos olhos do governo francês em queda de braço com Moscou, isso é uma aberração. Ou deveria ser, ao menos.

A guerra na Ucrânia é um cataclismo para toda a Europa, mas uma oportunidade para a Total e seus acionistas. Fazendo os preços da energia explodirem, a guerra multiplica os lucros da empresa: 10 bilhões de euros no primeiro semestre de 2022, ou seja, três vezes mais do que em 2021. Dezenove bilhões de euros ao ano. Um recorde absoluto. E 2,62 bilhões de euros são inclusive repassados aos acionistas em pagamento pelos dividendos excepcionais. Como não definir isso como especulação de guerra? E qual foi a reação do governo francês? Ainda estamos nos perguntando. Enquanto as contas de energia chegam às alturas e os finais de mês se tornam cada vez mais difíceis para muitos franceses, como justificar o fato de não abordarmos, por causa da Total, a questão da taxação dos superlucros? É o que preconiza o muito esquerdista Fundo Monetário Internacional. A Itália, a Grécia, a Romênia e a Espanha mostraram o caminho. Historicamente, muitos países taxaram pesadamente os superlucros em períodos de conflito: em 1940, os Estados Unidos inclusive criaram uma taxa que chegava a 95% dos lucros excepcionais das empresas. Por que a França se recusou a ser uma liderança e se contentou em seguir as decisões tomadas pelos 27 membros da União Europeia?

A taxação dos lucros de guerra é uma questão de justiça social, mas também de realismo estratégico: a condição para o consentimento geral aos esforços exigidos para resistir a Putin é que eles sejam equanimemente divididos e que aqueles que se beneficiam da situação, mesmo involuntariamente, sejam levados a contribuir na medida de seus lucros extraordinários. Nada impede que a taxação dos superlucros seja transformada num marco essencial do retorno ao primado do interesse geral sobre os interesses particulares, inclusive dos mais poderosos. Nada, exceto a oposição desses mesmos interesses. E a ausência de vontade no topo do Estado.

Ecologia de guerra

O ano 2022 não é um parêntese.

Porque a guerra vai continuar, e seu desfile de horrores vai aumentar.

Porque o confronto em curso determina o futuro de nosso continente e o insere numa nova era.

Porque ela inicia dentro de nossas cidades um movimento de transformação que se inscreve na longa duração.

Fim de nossa dependência do gás russo, sobriedade energética, revitalização de nossas capacidades industriais, desenvolvimento de novos mecanismos de solidariedade, retorno da política ao posto de comando: as mudanças exigidas pela guerra aceleram transformações que de todo modo tinham se tornado implacáveis pelas mudanças climáticas e pelo declínio de nossas nações. A passagem para a "economia de guerra", que Emmanuel Macron acertadamente evocou, mas não implantou, e o imperativo da transição ecológica impõem decisões, atitudes e mudanças similares.

A guerra sempre é horrível, e a guerra de Putin o é de maneira especial. Mas ela não é "absurda" ou "insensata", como se costuma dizer. A famosa exclamação de Prévert – "Que besteira é a guerra!" – é um pouco limitada como quadro de análise para um confronto geopolítico de grande escala. A guerra tem uma lógica e um sentido. Nosso papel é decifrá-los, aprender com eles e inventar um novo caminho para sair dela. Foi o que fizeram, durante o conflito mais violento da história humana, os redatores do programa do Conseil National de la Résistance [o Conselho Nacional da Resistência francês] – ou os criadores do National Health Service (NHS, o sistema de saúde pública do Reino Unido). Ainda vivemos com as conquistas de suas audácias. Foi o que sempre fizeram as democracias envolvidas em guerras indesejadas. É o que devemos fazer hoje construindo a potência ecológica europeia. Em tempos de guerra, a autoridade pública é reforçada em relação aos interesses privados, que costumam se opor às transformações sociais. Se realmente aceitar e assumir essa responsabilidade até o fim, ela poderá impor mudanças que pareciam impossíveis em tempos de paz.

Em março de 2022, o filósofo e pesquisador Pierre Charbonnier publicou na revista *Le Grand Continent* um artigo importante intitulado "La Naissance de l'écologie de guerre" [O nascimento da ecologia de guerra]. Diante da tirania "fóssil" que fez de nossa dependência energética uma arma contra nossa liberdade e nossa segurança, a transição ecológica se torna um instrumento de autodefesa das democracias europeias: "Os princípios da ecologia política não são apenas ajustados ao tempo de guerra, eles são também redefinidos e subordinados ao imperativo de condução da guerra, integrados a uma lógica de confrontação na qual o inimigo é ao mesmo tempo a fonte de desestabilização geopolítica e o detentor do recurso tóxico". No confronto de nossas democracias com um regime que baseia seu poder em seu gás e em seu petróleo, a ecologia já não é apenas um fim em si, ela se torna um meio para alcançar um fim mais imediato do que ela: a segurança. E, paradoxalmente, esse rebaixamento teórico lhe confere um poder político inédito. Subitamente, os dirigentes ainda ontem reticentes à transição energética constatam que nossa dependência dos hidrocarbonetos nos torna fracos durante um evento histórico – a guerra – que proíbe qualquer fraqueza.

    Vincular a guerra à questão energética é um lugar-comum. Charbonnier vai muito além: a energia já não é o objetivo real ou imaginado da conquista, mas seu instrumento. Ela é um componente essencial da ofensiva lançada pela Rússia contra a segurança coletiva europeia há muitos anos, como vimos nas trajetórias de Matthias Warnig e Gerhard Schröder. Vladimir Putin não guerreia *pelos* gasodutos, mas *por meio* dos gasodutos. Conseguir se desfazer dos hidrocarbonetos russos é primordial para resistir a seu projeto imperialista. A sobriedade é, portanto, um escudo que protege nossas nações importadoras de gás e de petróleo: "A descarbonização da economia se torna uma oportunidade de se livrar da encarnação contemporânea do totalitarismo, e, por meio de uma curiosa inversão histórica, já não é a intensificação energética que torna possível a vitória, mas a abstinência utilizada como arma de guerra".

Os debates sobre a ecologia "punitiva" e os "amish" desaparecem quando o imperativo de sobriedade é formulado na língua do realismo estratégico, e os ministros mais liberais se sentem obrigados a usar gola rolê.[68] Já não se trata de "punir" as empresas ou as pessoas físicas, trata-se de "punir" o tirano que nos ameaça e nos ataca, de reafirmar nossa soberania diante de um chantagista que sonha em desintegrar a União Europeia: "Enquanto o sacrifício exigido pelos ecologistas à indústria e aos consumidores para atenuar o choque climático era geralmente apresentado como uma restrição pesada, incerta, incômoda, esse mesmo esforço reconvertido em questão de segurança internacional, de subversão da tirania e, de certo modo, de patriotismo se torna subitamente não apenas aceitável como também ativamente desejável", observa Charbonnier. A sobriedade não é mais uma restrição de nosso poder, mas a condição da afirmação desse

---

[68] Alusão ao fato de a gola rolê ter se tornado um símbolo de sobriedade energética depois que alguns políticos franceses mudaram seus guarda-roupas para sensibilizar os franceses a respeito da crise energética. A gola rolê esquentaria mais do que a camisa com gravata e permitiria economizar energia e dar provas, simbolicamente, de sobriedade. (N.T.)

mesmo poder. Conter-se e dominar-se é fortalecer, e não enfraquecer, enquanto a capacidade de causar danos do adversário se alimenta de nossa incontinência e de nosso consumo excessivo. Nos deparamos aqui com o *aidós* dos gregos antigos: o pudor sem dimensão moralizadora – autolimitação ou, portanto, sobriedade. *Aidós* não é apagamento ou impotência. Pelo contrário, ele torna a potência duradoura.

Tornando-se um imperativo de segurança imediato, a ecologia muda sua relação com o tempo. E isso muda tudo. Porque o principal problema que os cientistas do IPCC (Painel Intergovernamental sobre Mudanças Climáticas) e os defensores do clima enfrentam é o mesmo desde os anos 1980: as difíceis medidas que precisam ser tomadas hoje só terão um impacto sobre o clima daqui a dez anos, ou seja, muito depois do fim do mandato dos atuais dirigentes, aos quais é, portanto, solicitado que coloquem em risco seu capital político sem um retorno de investimento. Isso equivale, na prática, a colocar o futuro do planeta na virtude, na coragem e no desinteresse dos homens de poder – hipótese no mínimo arriscada. Esse problema aparentemente insolúvel desaparece quando demonstramos que a transição ecológica corresponde a uma exigência imediata de segurança e de autonomia. A transição não exige que sacrifiquemos nosso poder em nome de um bem superior e pouco palpável, amplo demais (a sobrevivência do mundo comum), ela nos torna *hic et nunc*, aqui e agora, mais poderosos do que éramos.

O encontro da ecologia com a teoria realista do poder oferece a ambas o que lhes faltava e o que as reforça mutuamente. Sob essa nova perspectiva, a ecologia é ao mesmo tempo o horizonte de sentido universal sobre o qual se desdobra a potência europeia e o instrumento concreto de sua afirmação por meio da drástica redução das dependências que a impediam de desabrochar. Ela é ao mesmo tempo a última ideologia cosmopolítica produzida por nossos países e o meio prático de seu reerguimento estratégico. O *para* que e o *por meio* do que se afirma a potência europeia.

A edificação dessa potência ecológica europeia é a grande narrativa dos anos vindouros, a resposta sistêmica que há muito tempo procurávamos para a angústia do rebaixamento que atormenta nossas nações e para as insuportáveis dependências que as aprisionam. Durante a pandemia de covid-19, percebemos que éramos incapazes de fabricar máscaras e produzir medicamentos. Vimos, depois de doze meses de confrontos militares na Ucrânia, que tínhamos poucas munições na Europa e nos Estados Unidos e que nossas indústrias eram tão fracas que penávamos para relançar a produção. Precisamos voltar a nos sentir senhores de nossos destinos, voltar a ser produtores de bens e de sentidos. A ecologia política associada ao realismo permite essa retomada do controle.

A ruptura com a ideologia de livre-comércio generalizado, a luta contra o consumo excessivo e as grandes obras de transição energética já não são, nesse novo cenário, sacrifícios exigidos pelo combate climático, mas instrumentos de uma grande retomada das rédeas de nosso destino. Não existe, de um lado, o interesse universal (a diminuição das emissões de gás de efeito estufa) e, de outro, nossos interesses enquanto cidadãos franceses ou europeus (o reforço de nossas capacidades produtivas), que exigem uma autoridade política dividida entre demandas contraditórias para encontrar o justo equilíbrio entre o global e o local, o longo prazo e o curto prazo. O curto prazo e o longo prazo, o local e o global se encontram na ecologia de potência. Servir ao interesse universal equivale a servir a nossos interesses imediatos. Ou melhor: é a luta contra as mudanças climáticas (objetivo cosmopolítico) que permite restabelecer nosso instrumento industrial (objetivo "egoísta") e virar a página das políticas que o destruíram.

    Costuma-se dizer que nada pode deter uma ideia cuja hora chegou. Mas essa ideia ainda precisa encontrar um veículo adequado para se impor. A ideia de potência ecológica viu sua hora chegar, estou convencido disso. Mas quem contará sua história? Quem a colocará em prática? A União Europeia é a escala adequada para fazer isso, e a mudança foi iniciada, aos poucos, em Bruxelas: com a pandemia de covid-19 e a guerra na Ucrânia, sentimos que estamos entrando em uma nova era, e os textos que votamos no Parlamento esboçam um início de despertar. O Chips Act, sobre os microprocessadores, o Raw Materials Act, sobre os metais terras-raras,[69] a taxação de carbono nas fronteiras, o banimento de produtos da escravidão e do desflorestamento, ou, ainda, o dever de vigilância das empresas: todos esses atos legislativos marcam, por certo ainda muito timidamente, uma ruptura com o "*laissez-faire*

---

[69] Os terras-raras são 17 elementos químicos utilizados como matéria-prima na indústria, em especial na de alta tecnologia. (N.T.)

laissez-passer"⁷⁰ que por tanto tempo dominou as políticas comerciais europeias. É o início da inversão da inversão e o retorno da primazia do político.

Mas tudo avança muito devagar. Ainda parece impossível aos líderes atuais assumir as consequências internas e externas das mutações necessárias. Acabamos com nossa dependência do gás russo nos voltando para produtores alternativos, fragmentando nossas dependências, em vez de implementarmos a ecologia de guerra. E não conseguimos aprender todas as lições dos últimos três anos. As reações exaltadas das elites europeias ao Inflation Reduction Act do presidente Biden – um imenso pacote de subvenções à indústria norte-americana e de investimentos em infraestruturas de transição – demonstram que elas não entenderam totalmente que entramos em uma nova era. Em vez de denunciar o "protecionismo disfarçado" (o que é verdade), por que não seguir o exemplo e fazer o mesmo na Europa? Os rostos desapontados na Comissão do Comércio Internacional, inclusive entre os social-democratas, quando debatemos um Buy European Act – o fato de reservar os mercados públicos europeus às produções europeias – atestam que a revolução vislumbrada não é para amanhã e que um balanço de forças é inevitável para impô-lo.

Os ecologistas deveriam logicamente encabeçar esse projeto de potência ecológica europeia. Mas isso requer uma revolução cultural dentro da própria ecologia política.

---

⁷⁰ Política de não intervenção estatal em determinadas atividades econômicas. Ao pé da letra, a expressão se traduz como "deixai fazer, deixai passar". (N.E.)

Esse movimento nasceu do pacifismo visceral de Larzac,[71] da desconfiança radical em relação ao Estado e da rejeição das noções clássicas de potência e soberania. Ele se desenvolveu como uma contracultura e sacralizou o ato de se retirar. Aprofundar a ideia de potência ecológica exige refutar mitos fundadores antimilitaristas e antiestatais, dos quais os líderes e os ativistas ecológicos lentamente se desprendem. Para lutar contra as mudanças climáticas, para resistir à guerra travada contra nossas democracias por Vladimir Putin ou para retomar o controle diante das multinacionais, será preciso se apoiar nas estruturas do Estado, nos altos funcionários, admitir a ideia de potência.

O importante, no fundo, é saber se a ecologia se limita à proteção do meio ambiente imediato ou se ela é um projeto de governo da cidade e de transformação do mundo. Apresentar a defesa do clima como um axioma leva necessariamente à segunda opção. Em vez de expulsar as atividades poluentes para longe daqui (aceitando poluir outros países), precisamos repatriar nossas atividades produtivas. Ou seja, poluir (o mínimo possível) em nossos países, em vez de em outros. A ecologia pensada como um projeto global e não apenas local acaba com a exportação de nossas emissões (no início) e de nosso lixo (no fim). Ela adquire a forma de uma planificação

---

[71] A Lutte du Larzac foi um movimento pacífico de desobediência civil em que camponeses se sublevaram contra a expropriação de suas terras, levando à suspensão dos planos de expansão de uma base militar na região de Larzac e à consolidação da ideia de luta pela preservação do meio ambiente, entre 1971 e 1981. (N.T.)

industrial, desenvolvendo grandes empresas europeias para as indústrias de transição e restabelecendo instrumentos alfandegários capazes de proteger a produção europeia da concorrência desleal de bens fabricados sem o respeito às normas sociais e ecológicas impostas a nossos produtores.

A ideia de potência ecológica também pressupõe reconsiderar a relação da ecologia com o progresso tecnológico. "Poder dos contrários", segundo Aristóteles, a técnica não é nem uma solução para todos os problemas nem um problema em si. Querer responder às mudanças climáticas com o progresso técnico é uma ilusão alimentada por aqueles que se recusam a mudar as regras das trocas mundiais, a enfrentar as multinacionais, a sair do consumo excessivo e a se engajar no caminho da sobriedade. Mas recorrer ao clichê do mito prometeico a cada progresso técnico é entrar em contradição frontal com a ideia de potência, condenar à dependência tecnológica e nos privar de ferramentas importantes na luta pelo clima. A técnica é um meio, e não um fim, negativo ou positivo. A única questão relevante é saber se uma técnica pode ou não servir aos fins que a política se atribui: a descarbonização da economia e a afirmação da autonomia estratégica europeia. Todas as técnicas, todos os meios devem ser questionados sob o ponto de vista dessas finalidades, inclusive o nuclear. Sem dogmas ou tabus.[72]

---

[72] Como nos levar a sério se nos opomos ao gás russo, ao gás de xisto norte-americano, ao carbono (de onde quer que ele venha) e à energia nuclear, mas prometemos que a transformação ecológica permitirá que todos vivam melhor? Desvincular o

A ecologia, depois de libertada de sua relação dogmática com os meios, sem renunciar à radicalidade de seus objetivos, restabelece a política no posto de comando, devolve-lhe a legitimidade e a capacidade de organizar a sociedade em função de finalidades deliberadas em conjunto. Ela restaura tanto o primado da autoridade pública sobre os atores privados na cidade quanto o do cidadão sobre o indivíduo dentro de cada um de nós. O cidadão é a parte de nosso ser que obriga o indivíduo a adotar o ponto de vista do interesse geral e, portanto, a renunciar a alguns de seus desejos para alcançar um nível mais elevado de autorrealização. O cidadão, segundo Aristóteles, é "aquele que alternadamente governa e é governado", aquele, portanto, que se coloca em situação de governar mesmo quando não governa diretamente: um autêntico realista. O realismo ecológico, que nasce quando as ameaças político-militares que pesam sobre nossas nações e a perspectiva das mudanças climáticas são levadas a sério, é um projeto de sociedade que devolve à figura por tanto tempo negligenciada do cidadão um papel central em nossas vidas.

A guerra de Putin nos obriga a mudar, a abandonar nossos velhos móveis e a traçar novos caminhos. A potência ecológica europeia, ambição ao mesmo tempo radical e realista, é o horizonte mobilizador que nos faltava: o antídoto ao veneno da desintegração e a certidão de nascimento de uma verdadeira república europeia.

---

debate francês sobre a energia das abordagens religiosas e simbólicas é a condição necessária para um verdadeiro projeto de governo ecológico.

■ A IMPOSSÍVEL DERROTA

ESSA GUERRA também é nossa.
    Não a desejamos, não a procuramos. Fizemos de tudo, inclusive, para não a ver chegar. Sacrificamos nossos aliados e nossos princípios em busca de uma parceria ilusória com um tirano que desde o início quer nossa pele. Não paramos de ceder terreno, até chegarmos à beira do precipício.
    Agora, qualquer recuo significaria uma queda no abismo. Precisamos aguentar firme e reconhecer. Reconhecer a relação de forças que nos é imposta e da qual fugimos por tanto tempo. Reconhecer o inelutável confronto com o regime fascista de Vladimir Putin.
    Precisamos parar de ter medo de nossa sombra. Não há nada de intransponível no que é exigido de nós hoje: acabar com as tergiversações estratégicas, fornecer todas as armas de que a resistência ucraniana precisa para vencer nosso inimigo comum, reavivar nossa produção de

munições e nossa indústria de defesa, preencher as lacunas que enfraquecem nossas sanções sobre a Federação Russa, aceitar lesar alguns interesses privados em nome do bem comum (a liberdade e a segurança da Europa), enfrentar de maneira justa e eficaz o custo econômico e social da guerra, fazer um esforço continuado em médio prazo e abandonar os velhos móveis que atravancam nossas salas. Nossas sociedades são perfeitamente capazes disso.

Como sempre na História, as democracias são desesperadamente cegas e fracas até o momento em que elas não têm escolha e precisam abrir os olhos e arregaçar as mangas, até o momento de virada em que elas se reerguem, mobilizam-se e provam ao mundo que nenhum sistema é mais sólido e mais justo do que o seu. O momento dessa reação chegou.

O debate que agita nossos países não opõe os supostos "direito-humanistas" solidários aos ucranianos e os pretensos "realistas" preocupados com os interesses de nossas nações. Ele opõe os trágicos, que têm consciência da irredutibilidade do conflito em curso, e os cômicos, que o veem como um simples parêntese ou um mal-entendido. Nesse debate, o realismo não está onde pensávamos.

A guerra exige a redefinição da noção de realismo e sua reapropriação por aqueles que têm coragem suficiente para não passar a vida olhando para o próprio umbigo ou abaixando a cabeça para o inimigo.

Trabalhar para a derrota total de Putin na Ucrânia é realista. Defender os uigures deportados por uma superpotência autoritária que pretende dominar nossas economias e as trocas mundiais é realista. Romper com a globalização desregulada que enfraqueceu nossas nações e reforçou nossos adversários é realista. Instaurar uma ecologia de guerra é realista. Acelerar a transição energética é realista.

Temos as cartas na mão. Saberemos utilizá-las? Teremos vontade e força para mudar?

No momento em que escrevo estas linhas, no trem que me traz de Kiev, a Europa ainda não respondeu à pergunta de Hamlet: ser ou não ser? Os ucranianos responderam no dia 24 de fevereiro de 2022, nós não. Um ano depois, continuamos hesitando e oscilando. A derrota, porém, está proibida, e a vitória é imperativa.

O país livre e ferido que atravesso será nosso berço ou nosso túmulo, nossa aurora ou nosso crepúsculo. Na Ucrânia, no *front*, e em cada um de nós, na retaguarda, decide-se nas próximas semanas e meses nosso destino comum. Chegou a hora de dizermos e mostrarmos o que somos e o que queremos ser.

■ A MEU PAI

VOCÊ JÁ TINHA DITO e escrito tudo.
 No fundo, não tenho nenhum mérito. Nenhum mérito de ter entendido desde cedo quem era Putin e identificado a ameaça que ele fazia pairar sobre a Europa. Nenhum mérito, apenas a sorte de ter tido você como pai.
 Visto que efusões sentimentais não faziam parte de nossas respectivas naturezas e que nossas conversas raríssimas vezes adquiriam um tom pessoal, acho que eu nunca disse isso a você. Também acho que nunca escrevi sobre isso mais tarde, depois que você morreu.
 Então hoje lhe digo, hoje mais do que nunca: obrigado por tudo.
 Obrigado por ter visto e por ter dito, escrito, gritado o que você via.
 Obrigado por ter reconhecido a solidão de Cassandra, provocando o espanto, a incompreensão e às vezes o escárnio das pessoas bem estabelecidas, que viram tudo sem ter ido a parte alguma. Ainda me lembro

de um editorial de uma revista de grande circulação que começava assim: "Só sobraram Glucksmann e seus chechenos...". Toda a litania de clichês que dominavam o pensamento europeu à época dizia: Putin era brutal, sem dúvida, mas tinha trazido estabilidade à Rússia, enfrentava o terrorismo, era um parceiro necessário e mesmo confiável, os "direito-humanistas" não entendiam nada da *Realpolitik*. Em 2023, essa *Realpolitik* não parece tão boa, não é mesmo?

Glucksmann e "seus" chechenos: a ironia mundana que a elite parisiense tanto aprecia e a "sabedoria" dos grandes estrategistas partidários da aliança com Moscou não envelheceram bem. As palavras de Glucksmann, porém, seguem sem nenhuma ruga.

Obrigado, portanto, pelos chechenos massacrados que você foi praticamente o único a defender. Obrigado por ter ido clandestinamente até lá, arriscando sua vida, desaparecendo por semanas intermináveis enquanto esperávamos por você, junto a Fanfan, preocupados e orgulhosos. Obrigado por ter passado os últimos anos de sua vida lutando por um povo mártir com o qual ninguém se importava e em cujo destino você viu o prenúncio das tragédias que estavam por vir.

Obrigado pelos dissidentes russos.

Obrigado pelos georgianos. Obrigado pelos ucranianos.

Obrigado por nós, apesar de nós.

Obrigado por mim.

Obrigado por ter me ensinado a correr riscos por aquilo que acredito ser justo.

Obrigado por ter me ensinado a ouvir as palavras que incomodam e que despertam. Lembro-me dos jantares em que você ficava em silêncio, ouvindo as palavras dos resistentes, e me lembro dos olhares que você lançava quando um convidado parisiense começava um monólogo narcisista, cortando a palavra de uma feminista argelina ou de uma jornalista russa: era preciso saber se apagar diante daqueles que lutavam, que sabiam, que morriam.

Você via a figura do intelectual como um "Post-it", um indivíduo cujo papel é lembrar a realidade que preferimos ignorar e chamar a atenção para o essencial que queremos dispensar.

O essencial, hoje, é o grande confronto que você anunciou, dissecou, explicou. Obviamente, a maioria das pessoas esqueceu o que você fez. Principalmente as que riram de você e não têm o menor interesse em que nos lembremos de que elas foram alertadas e escolheram não ouvir.

Mas eu me lembro. E nunca esquecerei.

A sorte não é algo que se merece, ela simplesmente acontece. A única coisa que podemos fazer é ser dignos dela. É o que tento fazer.

Penso em você ao deixar a Ucrânia em guerra. Penso em você em Kiev, em Bruxelas, em Paris, em todos os lugares. Sinto sua falta. Sentimos sua falta.

AGRADECIMENTOS

OBRIGADO AOS ESSENCIAIS, minha família, Léa, Alexandre, Gabriel e Fanfan, minha mãe.

Obrigado a toda a equipe da editora Allary, a Guillaume, Laurence, Camille, Morgane, Élisabeth, Stéphanie e Agnès.

Obrigado ao *dream team*, Chloé, Alice, Charles, Caroline e Pierre.

Obrigado às filiadas e aos filiados do Place Publique, meus companheiros de luta.

Obrigado aos colegas e ao *staff* da Délégation de la Gauche Sociale et Écologique [Delegação da Esquerda Social e Ecológica] do Parlamento Europeu.

Obrigado a todos os militantes do PP, do PS e dos outros partidos que participaram de nossa campanha em 2019 e me permitiram lutar aqui por nossos princípios.

Obrigado a meus amigos chechenos, georgianos, sírios e ucranianos, que há vinte anos tento apoiar e acompanhar nessa luta que nos é comum.

Obrigado a Mikheil Saakashvili, que alertou o mundo e hoje se encontra numa prisão georgiana, vítima da vingança do tirano, do ódio do oligarca e da covardia dos líderes europeus.

Obrigado a Anna Politkovskaya, meu modelo e minha amiga, assassinada, mas jamais apagada.

■ REFERÊNCIAS

Livros

ACKERMAN, Galia; COURTOIS, Stéphane (org.). *Le livre noir de Vladimir Poutine*. Paris: Robert Laffont; Perrin, 2022.

BELTON, Catherine. *Les Hommes de Poutine*. Paris: Talent Éditions, 2022. [Em português: *Os homens de Putin: como a KGB se apoderou da Rússia e depois atacou o Ocidente*. Tradução de J. Teixeira de Aguilar, Fernando Dias Antunes e José Remelhe. Porto: Ideias de Ler, 2022.]

CORREIA, Mickaël. *Criminels climatiques*. Paris: La Découverte, 2022.

CHALAMOV, Varlam. *Essais sur le monde du crime*. Paris: Gallimard, 1993. [Em português: SHALAMOV; Varlam. *Ensaios sobre o mundo do crime: Contos de Kolimá 4*. Tradução de Francisco de Araújo. São Paulo: Editora 34, 2016.]

CHARBONNIER, Pierre. *Abondance et liberté*. Paris: La Découverte, 2020. [Em português: *Abundância e liberdade:*

uma história ambiental das ideias políticas. Tradução de Fabio Mascaro Querido. São Paulo: Boitempo, 2021.]

CHARBONNIER, Pierre. *Culture écologique*. Paris: Presses de Sciences Po, 2022.

CHESNOT, Christian; MALBRUNOT, Georges. *Nos Très Chers Émirs*. Paris: Michel Lafon, 2016.

DOSTOIEVSKI. *Os demônios* (1871).

ÉSQUILO. *Oréstia*, (século V a.C.).

GEMENNE, François. *Géopolitique du climat*. Paris: Armand Colin, 2021.

GLUCKSMANN, André. *Dostoïevski à Manhattan*. Paris: Robert Laffont, 2002.

LOISEAU, Nathalie. *La Guerre qu'on ne voit pas venir*. Paris: Éditions de l'Observatoire, 2022.

MAQUIAVEL. *Discursos sobre a primeira década de Tito Lívio* (1531).

POLITKOVSKAÏA, Anna. *Tchétchénie, le déshonneur russe*. Paris: Buchet Chastel, 2003.

POLITKOVSKAÏA, Anna. *La Russie selon Poutine*. Paris: Buchet Chastel, 2005.

POMERANTSEV, Peter. *Rien n'est vrai tout est possible. Aventures dans la Russie d'aujourd'hui*. Paris: Saint-Simon, 2016.

SHAKESPEARE. *Hamlet* (1603).

YASHINE, Ilya. *Le Rapport Nemtsov. Poutine et la guerre*. Prefácio de Marie Mendras, posfácio de Michel Eltchaninoff. Paris: Actes Sud, 2016.

ZUCMAN, Gabriel. *La richesse cachée des nations*. Paris: Seuil, 2017.

Artigos e relatórios disponíveis online

Atlantic Council, por Francis Shin e Ben Judah. *Stopping the kleptocrats: A strategy for the United States and Europe to address weaponized corruption*, janeiro de 2023. [Disponível em: https://www.atlanticcouncil.org/wp-content/uploads/2023/01/AC_Kleptocracy_EuropeCenter_Final.pdf.]

Pierre Charbonnier. "La naissance de l'écologie de guerre", *Le Grand Continent*, 18 de março de 2022. [Disponível em: https://legrandcontinent.eu/fr/2022/03/18/la-naissance-de-lecologie-de-guerre/.]

European Stability initiative (ESI): *Caviar Diplomacy: How Azerbaijan silenced the Council of Europe*, 24 de maio de 2012. [Disponível em: https://www.esiweb.org/publications/caviar-diplomacy-how-azerbaijan-silenced-council-europe.]

European Stability initiative (ESI). *The European Swamp (Caviar Diplomacy part 2)*, 17 de dezembro de 2016. [Disponível em: https://www.esiweb.org/publications/european-swamp-caviar-diplomacy-part-2-prosecutors-corruption-and-council-europe.]

IISS. *Defending Europe: scenario-based capability requirements for NATO's European members*, abril de 2019. [Disponível em: https://www.iiss.org/research-paper//2019/05/defending-europe.]

INGE. *Relatório sobre a ingerência estrangeira nos processos democráticos na União Europeia, incluindo a desinformação,* fevereiro de 2022. [Disponível em: https://www.europarl.europa.eu/doceo/document/A-9-2022-0022_PT.html.]

IRSEM, por Paul Charon e Jean-Baptiste Jeangène Vilmer. *Les Opérations d'influence chinoises. Un moment machiavélien*, outubro de 2021. [Disponível em: https://www.irsem.fr/rapport.html.]

Peter Pomerantsev. "Putin's Rasputin", *London Review of Books*, v. 33, n. 20, outubro de 2011. [Disponível em: https://www.lrb.co.uk/the-paper/v33/n20/peter-pomerantsev/putin-s-rasputin.]

Conheça os outros títulos da **Coleção Espírito do Tempo**

Os engenheiros do caos
Como as fake news, as teorias da conspiração e os algoritmos estão sendo utilizados para disseminar ódio, medo e influenciar eleições

Giuliano da Empoli (AUTORIA),
Arnaldo Bloch (TRADUÇÃO)

O naufrágio das civilizações
Um olhar profundo sobre o nosso tempo para entender três feridas do mundo moderno: os conflitos identitários, o islamismo radical e o ultraliberalismo

Amin Maalouf (AUTORIA),
Arnaldo Bloch (TRADUÇÃO)

Uma breve história das mentiras fascistas

Federico Finchelstein (AUTORIA),
Mauro Pinheiro (TRADUÇÃO)

O tempo das paixões tristes
As desigualdades agora se diversificam e se individualizam, e explicam as cóleras, os ressentimentos e as indignações de nossos dias

François Dubet (AUTORIA),
Mauro Pinheiro (TRADUÇÃO)

A economia da vida
Uma proposta para pouparmos nossas crianças de uma pandemia aos 10 anos, uma ditadura aos 20 e uma catástrofe climática aos 30

Jacques Attali (AUTORIA),
Mauro Pinheiro (TRADUÇÃO)

Só mais um esforço
Como chegamos até aqui ou como o país dos "pactos", das "conciliações", das "frentes amplas" produziu seu próprio colapso

Vladimir Safatle (AUTORIA)

Este livro foi composto com tipografia Adobe Garamond Pro e impresso em papel Off-white 80 g/m² na Formato Artes Gráficas.